曾智明"曾子学术基金"科研成果。

山东大学曾子研究所科研成果。

山东大学儒学高等研究院科研成果。

曾子研究院科研成果。

大学中庸解诂

曾振宇 丁联 校注

上海三联书店

目 录

大学解诂 …………………………………………………… 1

中庸解诂 …………………………………………………… 55

大 学 解 诂

曾振宇　丁　联　校注

例　　言

一、本书以宋代朱熹《大学章句》(《四书章句集注》中华书局，2012年)为底本，对《大学》进行校勘和译注。

二、本书校勘所用主要版本为：

1.《礼记正义》六十三卷，(汉)郑玄注，(唐)孔颖达疏，1980年中华书局影印清阮元校刻《十三经注疏附校勘记》。

2.《礼记集说》一百六十卷，(宋)卫湜撰，清文渊阁四库全书本。

3.《大学疏义》一卷，(宋)金履祥撰，清文渊阁四库全书本。

4.《读大学丛说》一卷，(元)许谦撰，四部丛刊续编景元本。

5.《大学古本问》一卷，(明)王守仁撰，明万历刻百陵学山本。

6.《大学困学录》一卷，(清)王澍撰，清乾隆二年刻积书严六种书本。

三、历史上《大学》版本之多，种类各异，在古书里较为罕见。现今保留下来的《礼记》注疏本、汉熹平石经本、魏正始石经本、唐开成石经本，内容基本上是一致的。但在宋代之后，《大学》的版本变得越来越复杂，根据清代李塨《大学辨业》的记载,《大学》在流传中其改本不下十几种,计有:宋代程颢改本,程颐改本,朱熹改本,元代王柏改本,明蔡清改本,季本改本,高攀龙改本,崔铣改本,甬东丰氏伪正始石经改本,葛寅亮改本,王世贞改本等。大致而言,主要是两个体系:一是经朱熹编排整理,划分为经、传的《大学章句》本;一是以《礼记》中的《大学》原文,称为古本大学。因朱熹《大学章句》本流传最广、影响最大,本书采用《大学章句》为底本。

四、《大学》的注本甚多:第一部分,是《礼记》的历代注解;第二部分,是《四书》的宋以后注解。材料主要出自《四库全书》和《续修四库全书》。对原文的校勘与注释,反复斟酌,择善而从。凡对宋代朱熹《大学章句》本有所改易者,尽量在注释中一一说明。

五、宋代朱熹《大学章句》是宋学代表性成果,校勘、训诂较为精审,影响深远。为兼顾社会各阶层人士阅读之需要,本书的注释侧重于难解字词、历史人物与事件、典章制度、历史地名等等内容。对个别难读之句子加以审讲,全文"解读"据改正后的原文译出。

六、注释力求深入浅出、通俗易懂,凡训诂等方面涉及各家意见分歧之处,或择善而从,或出于己识。

七、原文通假字一般不改;对生僻字词,加注汉语拼音。

八、本编《大学》原文之断句、标点,与前人亦有异同,不仍旧贯。

经一章

1.1 大学①之道②,在明③明德④,在亲民⑤,在止于至善⑥。

---

① 大学:有两种含义:一是"博学"的意思;一是相对于小学而言的"大人之学"。郑玄《三礼目录》云:"名曰《大学》者,以其记博学,可以为政也。"依郑玄之意,《大学》讲的就是博学可以为政的道理;朱熹注:"大学者,大人之学也。"朱熹在《晦庵集》卷十五《经筵讲义》中说:"大学者,大人之学也。古之为教者,有小子之学,有大人之学。小子之学,洒扫、应对、进退之节,诗、书、礼、乐、射、御、书、数之文是也。大人之学,穷理、修身、齐家、治国、平天下之道是也。此篇所记,皆大人之学也,故以《大学》名之。"《易经·乾文言》对"大人"的解释:"夫大人者,与天地合其德,与日月合其明,与四时合其序,与鬼神合其吉凶。先天而天弗违,后天而奉天时。天且弗违,而况于人乎?况于鬼乎?"明代王阳明说:"大人者,以天地万物为一体者也,其视天下犹一家,中国犹一人焉。……大人之能以天地万物为一体也,非意之也,其心之仁本若是,其与天地万物而为一也。"(王守仁:《阳明先生集要》(上),北京:中华书局2009年版,第145页)宋卫湜引涑水司马氏(司马光)的话:"正心修身齐家治国以至盛德著明于天下,此学之大者也,故曰'大学'。"(卫湜:《礼记集说》卷一百四十九,《钦定四库全书·经部114》,上海古籍出版社1987年版,第568页)清王夫之说:"大人者,成人也。十五而入大学,乃学内圣外王之道,'如字'及'音泰'者,义一而已。以大学为学宫名,非论学之道,故取义于大人。"(王夫之:《船山全书·礼记章句》,岳麓书社1996年版,第1469页)王夫之认为"大学"作学宫名时,音"泰",或照本字读,意义上并没有两样,都是指天子所设的最高学府,看不出有"论学之道"的意思。把"大学"解作"大人之学",其取义与学宫不同;取义不同,音读自然也可以不一样,所以朱熹将"大学"之"大",照本字来读。

② 道:宗旨,途径,理想。道之原始含义是道路,通向一个目标必须经过的路途;后引申为为人处事遵循的基本规范、原则、道理;第三个含义即《易经·系辞》所言:"形而上者谓之道,形而下者谓之器。"道指谓从形器中抽象出来的最高真理、唯一真理——"大道"。

③ 明:动词,彰显、显明、发扬。使动用法,使……显明。朱子注:"明,明之也。"

④ 明德:彰显人生来具有的光明德性。郑玄注:"明明德,谓显明其至德也。"孔颖达疏:"在明明德者,言大学之道在于章明己之光明之德,谓身有明德而更章显之。此其一也。"朱熹《大学章句》:"明德者,人之所得乎天,而虚灵不昧,以具众理而应万事者也;但为气禀所拘,人欲所蔽,则有时而昏;然其本体之明,则有未尝息者,故学者当因其所发而遂明之,以复其初也。"这里朱子所言天赋灵明的德行,即王阳明所谓天命之性,而自然灵昭不昧者也。宋袭盖卿认为:"明明德乃是为己功夫,那个事不是分内事?明德在人,非是从外面请入来底。"((宋)黎靖德:《朱子语类·朱子语类卷第十四》,中华书局1986年版,第261页)(宋)潘履孙说:"明德,谓得之于己,至明而不昧者也。如父子则有亲,君臣则有义,夫妇则有别,长幼则有序,朋友则有信,初未尝差也。苟或差焉,则其所得者昏,而(转下页)

(接上页)非固有之明矣。"((宋)黎靖德:《朱子语类·朱子语类卷第十四》,中华书局1986年版,第262页)宋沈僴说:"人本来皆具此明德,德内便有此仁义礼智四者。只被外物汩没了不明,便是坏了。所以大学之道,必先明此明德。若能学,则能知觉此明德,常自存得,便去刮剔,不为物欲所蔽。推而事父孝,事君忠,推而齐家、治国、平天下,皆只此理。大学一书,若理会得这一句,便可迎刃而解。"(同上)宋陆九渊说:"此言《大学》指归。欲明明德于天下是入大学标的,格物、致知是下手处。《中庸》言博学、审问、慎思、明辨是格物之方。"(卫湜:《礼记集说》卷一百四十九,《钦定四库全书·经部120》,上海古籍出版社1987年版,第570页)明代王阳明云:"是其一体之仁也,虽小人之心亦必有之。是乃根于天命之性,而自然灵昭不昧者也,是故谓之明德。……明明德者,立其天地万物一体之体也。"(王守仁:《阳明先生集要》(上),中华书局2009年版,第145—145页)牟宗三先生认为,朱子释"明德"之"明"包含两个意思,一即"正大光明",是在客观上说"性理"的明朗无蔽不偏,一即"虚灵不昧",是在主观上说"心知之明"。朱子误将"明明德"上"明"字的"虚灵不昧"的"心知之明"义与明德之性理义相混,于是从"性即理"出发而渐入"心即理"一途,摇转不定,无法贯通。(牟宗三:《心体与性体》(下),上海古籍出版社1999年版,第330—348页)

⑤ 亲民:爱人,以诚信待人。孔颖达疏:"在亲民者,言大学之道在于亲爱于民。是其二也。"朱熹释"亲"为"新",使动用法,使……革旧图新。在学术史上,"亲民"主要有两种解释:程子曰:"亲,当作新。"朱子阐发其意曰:"新者,革其旧之谓也。言既自明其'明德',又当推以及人,使之亦有以去其旧染之污也。"但是,王阳明在其《传习录》中认为:"亲民便是兼教养意,说新民便觉偏了。"王阳明则依照"亲"字本义,解释"亲民"为亲近民众。"亲民者,达其天地万物一体之用也。故明明德必在于亲民,而亲民乃所以明其明德也。是故亲吾之父以及人之父,以及天下人之父,而后吾之仁实与吾之父、人之父,与天下人之父而为一体矣。实与之一体,而后孝之明德始明矣。亲吾之兄以及人之兄,以及天下人之兄,而后吾之仁实与吾之兄、人之兄,与天下人之兄为一体矣;实与之一体,而后弟之明德始明矣。君臣也,夫妇也,朋友也,以至于山川鬼神、鸟兽草木也,莫不实有以亲之,以达吾一体之仁,然后吾之明德始无不明,而真能以天地万物为一体矣。"(王守仁:《阳明先生集要》(上),中华书局2009年版,第146页)宋人倪思则认为:"亲民者伊川读亲作新,以下文作新民为证。朱氏祖之,然先儒皆不敢改,盖民言亲,自有义亲近也。《书》曰:'民可近不可下',亲近之义也。《孟子》曰:'亲亲而仁民',亲爱之义也。圣人为民父母,视民如子。推爱子之心以爱民,不止于近之而已。《中庸》曰:'子庶民'。此篇引《康诰》曰:'如保赤子',又曰:'此之谓民之父母',皆亲民之义。"(卫湜:《礼记集说》卷一百四十九,《钦定四库全书·经部114》,上海古籍出版社1987年版,第577—587页)郭店楚简《五行》篇有"戚而信之,亲也。亲而笃之,爱也。"(李零:《郭店楚简校读记》,中国人民大学出版社2007年版,第102页)在郭店楚简《唐虞之道》篇有"下事地,教民有亲也""大学之中,天子亲齿"及"爱亲尊贤"等的提法。(李零:《郭店楚简校读记》,中国人民大学出版社2007年版,第123页)"亲"有亲近、亲爱与"诚信"两层含义。

⑥ 止于至善:达到至善的境界。郑玄注:"止,犹自处也。"孔颖达疏:"止于至善者,言大学之道,在止处于至善之行,此其三也。"朱熹《大学章句》:"止者,必至于是而不迁之意。至善,则事理当然之极也。言明明德、新民,皆当止于至善之地而不迁。盖必其有以尽夫天理之极,而无一毫人欲之私也。"李方子说:"至善,犹今人言极好。"((宋)黎靖德:《朱子语类·朱子语类》卷第十四,中华书局1986年版,第267页)沈僩说:"凡曰善者,固是好。然方是好事,未是极好处。(转下页)

【解读】

　　大学的宗旨,首先在于彰显人生而固有的光明德性,其次在于泛爱万物、诚信待人,最终臻于至善的生命境界。

1.2　知止①而后有定②,定而后能静③,静而后能安④,安

(接上页)必到极处,便是道理十分尽头;无一毫不尽,故曰至善。"(同上)程端蒙:"至者,天理人心之极致。盖其本于天理,验于人心,即事即物而无所不在。吾能各知其止,则事事物物莫不各有定理,而分位、界限为不差矣。"((宋)黎靖德《朱子语类·朱子语类》卷第十四,中华书局1986年版,第272页)程颢认为:"至善者,义理之精微无可得而名,姑以至善目之也。又曰止于至善反己守约是也。又曰止于至善如子止于孝,父止于慈之类,非谓务观物理于外,泛然如游骑无所归也。"(卫湜:《礼记集说》卷一百四十九,《钦定四库全书·经部114》,上海古籍出版社1987年版,第570页)王阳明则谓:"至善者,明德亲民之极则也。天命之性,粹然至善,其灵昭不昧者,此其至善之发见,是乃明德之本体,而即所谓良知也。至善之发见,是而是焉,非而非焉,轻重厚薄,随感随应,变动不居,而亦莫不自有天然之中,是乃民彝物则之极,而不容少有议拟增损于其间也。"(王守仁:《阳明先生集要》(上),中华书局2009年版,第146页)善就是良知,止于至善即是止于良知。

①　知止:止,名词,谓所当止之境,即至善之所在。知止,就是知道止至善所在之处。朱熹《大学章句》:"止者,所当止之地,即至善之所在也。知之,则志有定向。"王夫之在朱熹的基础上进一步说:"具文则当云'知止于至善',曰'知止'者,省文耳。此之不审,遂有以释氏'止观'之'止'乱之者。修身为本,格物为始,平天下为终,其善乃至。心至于是,不半途而废也。"(王夫之:《船山全集》(第四卷),岳麓书社1991年版,第1470页)宋张栻说:"知止是知所谓至善也,止于至善是得其所止而天矣。"(卫湜:《礼记集说》卷四十九,《钦定四库全书·经部114》,上海古籍出版社1987年版,第575页)宋真德秀说:"知止者,谓知为君必止于仁,为臣必止于敬,为子必止于孝,为父必止于慈,方知得此理,未曾实到其地。能得者谓:为君已仁,为臣已敬,为子已孝,为父已慈。是实到其地矣。"(卫湜:《礼记集说》卷四十九,《钦定四库全书·经部114》,上海古籍出版社1987年版,第577页)

②　定:有确定志向。朱熹《大学章句》:"志有定向。"孔颖达疏:"心能有定,不有差贰也。"程端蒙说:"定亦自有浅深:如学者思虑凝定,亦是定;如道理都见得彻,各止其所,亦是定。只此地位已高。"((宋)黎靖德《朱子语类·朱子语类》卷第十四,中华书局1986年版,第273页)司马光说:"定者,能固执于至善也。"(卫湜:《礼记集说》卷一百四十九,《钦定四库全书·经部114》,上海古籍出版社1987年版,第575页)

③　静:心静不乱。朱熹《大学章句》:"谓心不妄动。"孔颖达疏:"能静不躁求也。"司马光说:"静者,不为纷华盛丽之所移夺也。"(卫湜:《礼记集说》卷一百四十九,《钦定四库全书·经部114》,上海古籍出版社1987年版,第575页)《礼记·乐记》云:"人生而静,天之性也;感于物而动,性之欲也。物至知知,然后好恶形焉。"

④　安:在任何处境中安稳自在。朱熹《大学章句》:"谓所处而安。"孔颖达疏:"情性安和。"司马光说:"安者,悦而时习之也。"(卫湜:《礼记集说》卷一百四十九,《钦定四库全书·经部114》,上海古籍出版社1987年版,第575页)

而后能虑①,虑而后能得②。

【解读】

知道至善是人生最高境界,才能有确定不移的志向;志有定向,心才不会妄动;心不妄动,然后才能在任何处境中和顺自在;和顺自在才能处事精密周详;处事精密周详才能达到人生至善境界。

1.3　物有本末③,事有终始④,知所先后,则近⑤道矣。

【解读】

万物都有本末轻重,万事都有先后始终,能够懂得事物的本末先

---

①　虑:处事精密周详。朱熹《大学章句》:"谓处事精详。"孔颖达疏:"能思虑於事也。"司马光说:"虑者,专精致思以求之也。"(卫湜:《礼记集说》卷一百四十九,《钦定四库全书·经部114》,上海古籍出版社1987年版,第575页)

②　得:达到当止的至善境界。朱熹《大学章句》:"谓得其所止。"郑玄注:"得,谓得事之宜也。"孔颖达疏:"於得安也。"司马光说:"得者,入于圣人之道也。"(卫湜:《礼记集说》卷一百四十九,《钦定四库全书·经部114》,上海古籍出版社1987年版,第575页)

③　本末:"本"原指树木的根部,引申为天地万物的根本或本源;"末"原指树梢,引申为事物的结果、功用。朱熹《大学章句》:"明德为本,新民为末。"宋倪思说:"物之本,则自修身以上者也。物之末,则自修身以下者也。事之宜,终者则当治之于其终事之宜;始者则当行之于其始物之本;事之始则所当先物之末,事之终则所当后,自本及末顺而言之也,因终原始逆而推之也。"(卫湜:《礼记集说》卷一百四十九,《钦定四库全书·经部114》,上海古籍出版社1987年版,第578页)王阳明则认为:"即以'新民'为'亲民',而曰明德为本,亲民为末,其说亦未尝不可。但不当分本末为两物耳。夫木之干谓之本,木之梢谓之末,惟其一物也,是以谓之本末。若曰两物,则既为两物矣,又何可以言本末乎?'新民'之意,既与'亲民'不同,则明德之功,自与新民为二。若知明明德以亲其民,而亲民以明其明德,则明德亲民,焉可析而为两乎?先儒之说,是盖不知明德亲民之本为一事,而认以为两事,是以虽知本末之当为一物,而亦不得不分为两物也。"(王守仁:《阳明先生集要》(上),中华书局2009年版,第148—149页)

④　终始:终,原指丝线缠到最后打的结,引申为终结;始指开始。朱熹《大学章句》:"知止为始,能得为终。"

⑤　近:接近。郑玄注:"近,附近之近。"

后,那就基本理解道的真谛了。

1.4 古之欲明明德于天下①者,先治其国②;欲治其国者,先齐其家③;欲齐其家者,先修其身④;欲修其身者,先正其心⑤;欲正其心者,先诚其意⑥;欲诚其意者,先致其知⑦;致知

---

① 明明德于天下:使天下的人都能彰显他们正大光明德性。朱熹《大学章句》:"明明德于天下者,使天下之人皆有以明其明德也。"
② 治其国:治理好自己的国家。
③ 齐其家:管理好自己的家庭或家族。
④ 修其身:修养自身品性。
⑤ 正其心:端正心志。朱熹《大学章句》:"心者,身之所主也。"孔颖达疏:"总包万虑谓之心。"《孟子·告子上》:"心之官则思,思则得之,不思则不得也。"王阳明认为:"何谓心,身之灵明主宰之谓也。何谓修身?为善而去恶之谓也。吾身自能为善而去恶乎?必其灵明主宰者欲为善而去恶,然后其形体运用者,始能为善而去恶也。故欲修其身者,必在于先正其心也。然心之本体,则性也,性无不善,则心之本体本无不正也,何从而用其正之之功乎?盖心之本体本无不正,自其意念发动而后有不正。故欲正其心者,必就其意念之所发而正之,凡其发一念而善也,好之真如好好色;发一念而恶也,恶之真如恶恶臭,则意无不诚,而心可正矣。"(王守仁:《阳明先生集要》(上),中华书局 2009 年版,第 149—150 页)
⑥ 诚其意:使自己的意念真诚无欺。朱熹《大学章句》:"诚,实也;意者,心之所发也。实其心之所发,欲其一于善而无自欺也。"孔颖达疏:"情所意念谓之意。"
⑦ 致其知:使自己获得知识。致:由此及彼,由自己推及他人,由浅入深、由近到远的体察、扩充。朱熹《大学章句》:"致,推极也。知,犹识也;推极吾之知识,欲其所知无不尽也。"郑玄注:"知,谓知善恶吉凶之所终始也。""此致或为至。"宋代程颐说:"知者,吾之所固有,因物有迁则迷而不知,迷而不知则天理灭矣,故圣人欲格物以致其知也。"(卫湜:《礼记集说》卷一百四十九,《钦定四库全书·经部114》,上海古籍出版社 1987 年版,第 580 页)宋代潘植认为:"致知,不是知那人不知底道理,只是人面前底。且如义利两件,昨日虽看义当为然,而却又说未做也无害;见得利不可做,却又说做也无害;这便是物未格,知未至。今日见得义当为,决为之;利不可做,决定是不做,心下自肯自信得及,这便是物格,便是知得至了。此等说话,为无恁地言语,册子上写不得。似恁地说出,却较见分晓。"((宋)黎靖德:《朱子语类》卷第十四,中华书局 1986 年版,第 297—298 页)王阳明则说:"致者,至也。如云'丧致乎哀'之'致'。易言'知至至之',知至者,知也;至之者,致也。致知云者,非若后儒所谓充广其知识之谓也,致吾心之良知焉耳。"(王守仁:《阳明先生集要》(上),中华书局 2009 年版,第 150 页)

在格物①。

【解读】

古代那些想彰显天下人正大光明德性的君子,先要治理好自己的国家;想要治理好自己的国家,先要管理好自己的家庭;想要管理好自己的家庭,先要修养好自身的品性;想要修养好自身的品性,先要端正自己的心;想要端正自己的心,先要使自己的意念诚实无欺;想要使自己的意念诚笃,先要使自己获得知识;获得知识的路径,在于穷究万事万物的原理。

---

① 格物:穷究万事万物的原理。郑玄注:"格,来也;物,犹事也。其知于善深,则来善物;其知于恶深,则来恶物,言事缘人所好来也,此'致'或为'至'。"朱熹《大学章句》:"格,至也;物,犹事也。穷至事物之理,欲其极处无不到也。"司马光在《致知在格物论》中说:"《大学》曰:'致知在格物'。格,犹扞也,御也。能扞御外物,然后能知至道矣。郑氏以格为来,或者犹未尽古人之意乎!"(司马光:《司马温公文集》卷十三,中华书局1985年版,第299页)程颐认为"格犹穷,物犹理也,犹曰穷其理而已也。穷其理,然后足以致之,不穷则不能致也。格物者适道之始,欲思格物,则固已近道矣。"(程颢、程颐:《二程集·河南程氏遗书》卷二十五,中华书局1981年版,第316页)王阳明说:"物者,事也。凡意之所发,必有其事,意所有之事谓之物。格者,正也。正其不正以归于正谓之也。正其不正者,去恶之谓也。归于正者,为善之谓也。夫是之谓格。"(王守仁:《阳明先生集要》(上),中华书局2009年版,第151页)。明代王艮认为:"'格'如'格式'之格,即'后絜矩'之谓。吾身是个'矩',天下国家是个'方',絜矩则知方之不正,由矩之不正也。是以只去正矩,却不在方上求,矩正则方正矣,方正则成格矣。故曰'物格'。吾身对上下、前后、左右是'物',絜矩是'格'也。"(王艮:《王心斋全集》,江苏教育出版社2001年版,第34页)王夫之认为,格物本义的当属方以智的质测之学。他说:"密翁(方以智)与其公子为质测之学,诚学思兼致之实功。盖格物者,即物以穷理,唯质测为得之。"(王夫之:《船山全书·搔首问》,岳麓书社1992年版,第637页)清代颜元认为:"'格'即手格猛兽之格,手格杀之之格。"(颜元:《颜元集》,中华书局1987年版,第159页)清代学者陈澧《东塾读书记》卷九:"格物但当训为至事;至事者,犹言亲历其事也。天下之大,古今之远,不能亲历,读书即无异亲历也。故格物者,兼读书阅历言也。"金景芳先生认为:"'格'是接触,'物'是外物,你只有接触外界事物,才能获得知识。"(金景芳:《论〈中庸〉的"中"与"和"及〈大学〉的"格物"与"致知"》《学术月刊》2000年第6期,第76页)。徐复观认为:"格物,即是感通于天下、国、家、身;即是对于天下、国、家、身,发生效用;亦即是发生平、治、齐、修之'事'的效果。"(徐复观:《中国人性论史·先秦篇》,上海三联书店2001年版,第254页)

1.5 物格①而后知至②,知至而后意诚,意诚而后心正,心正而后身修,身修而后家齐,家齐而后国治,国治而后天下平。

【解读】

穷究了万事万物的原理,才能获得真知。获得真知,意念才能真诚。意念真诚,心思才能端正。心思端正,自身品性就能得到修养。自身品性得到修养,家庭就能整齐和谐。家庭整齐和谐,才能治理好国家。国家治理好,天下才能太平。

---

① 格:由东汉至明代各大儒者对"格"字的不同释义:张载释为"去"(格去物则心始虚明);司马光释"犹捍、御"(能捍御外物);程明道释"至、止"(格,至也;或以格物为止物,是二本也);程伊川释"穷"(穷究事物之所以然之理);朱子释为"至"(穷至事物之理);王阳明释为"正"(正其不正以归于正)。《孟子·离娄上》有"人不足与适也,政不足间也,惟大人为能格君心之非"。"格"字皆有"去除"、"纠正""遮拨"义。所以,"格"字又去除人性负面的气禀,使过剩的物欲得以平衡。徐复观认为:"朱骏声《说文通训定声·补遗》格字下云,'感格双声'。又云:'又为感。《书·君奭》,格于皇天,格于上帝。按,动也。感格双声。古训至,谓借为假,非'。谨按:感者感动;由感动而感通。《今文尚书》二十八篇中,有十九个格字;凡过去以'至'为训的格字,若改为'感通'为训,即无不怡然理顺。《论语》的'有耻且格',《孟子》的'惟大人能格君心之非',亦皆应以感通为训。因此,不妨这样假定:格字之第一引申义为'感',再由感而引申为'来'。其他,则皆为后来一再引申之一。《大学》格物的原义,似乎应当作'感通于物'来解释。"(徐复观:《中国人性论史·先秦篇》,上海三联书店2001年版,第254页)

② 知至:获得事物的真知。朱熹《大学章句》:"知至者,吾心之所知无不尽也。知既尽,则意可得而实矣,意既实,则心可得而正矣。"杨道夫说:"知止,只是知有个道理,也须是得其所止方是。若要得其所止,直是能虑方得。能虑却是紧要。知止,如知为子而必孝,知为臣而必忠。能得,是身亲为忠孝之事。若徒知这个道理,至于事亲之际,为私欲所汩,不能尽其孝,事君之际,为利禄所汩,不能尽其忠,这便不是能得矣。能虑,是见得此事合当如此,便如此做。"((宋)黎靖德:《朱子语类》卷第十四,中华书局1986年版,第280页)宋潘履孙认为:"知至,谓如亲其所亲,长其所长,而不能推之天下,则是不能尽之于外;欲亲其所亲,欲长其所长,而自家里面有所不到,则是不能尽之于内。须是其外无不周,内无不具,方是知至。"((宋)黎靖德:《朱子语类》卷第十五,中华书局1986年版,第296页)

11

1.6　自天子以至于庶人①,壹是②皆以修身为本。

【解读】

上自天子,下到平民百姓,一切都要以修养身心作为根本。

1.7　其本乱而末治③者否矣,其所厚者薄,而其所薄者厚,未之有也!

【解读】

根本乱了,而想治理好家、国和天下,那是不可能的。应该厚爱的却轻薄对待,应该鄙薄、忽略的事情却厚爱有加,想要达到治国、平天下的目的,这是从来没有的道理。

---

① 庶人:百姓。
② 壹是:一切。郑玄注:"专行是也。"朱熹《大学章句》:"壹是,一切也。"
③ 本乱而末治:"本"指修身,"末"指齐家治国平天下。郑玄注:"治,国治。"朱熹《大学章句》:"本,谓身也。"孔颖达疏:"本乱,谓身不修也。末治,谓国家治也。"

传第一章①

1.1　《康诰》②曰:"克③明德。"

【解读】

《尚书·康诰》中说:"能够彰显人本来具有的光明德性。"

1.2　《大甲》④曰:"顾⑤諟⑥天之明命⑦。"

【解读】

《尚书·大甲》中说:"要时常顾念、省察上天所赋予的光明德性。"

---

① 这一章的顺序从朱熹《大学章句》。朱熹认为本章是"传"的首章,是"释明明德"。前面的"经一章,盖孔子之言,而曾子述之。"从这章开始的十章传,"则曾子之意而门人记之也。旧本颇有错简,今因程子所定,而更考经文,别为次序如左。"《礼记》中的《大学》顺序见本书后附录原本《大学》。

② 《康诰》:《尚书·周书》中的篇名,是周成王任命康叔治理殷商旧地民众的命令。《尚书》又名《书》、《书经》,是上古历史文献资料的汇编,全文分为《虞书》、《夏书》、《商书》和《周书》四部分。汉以后儒家学者将其列为"五经"之一,称为《书经》。孔颖达疏:"《尚书》之意,言尧能明用闲俊之德,此《记》之意,皆是人君自明其德也,故云'皆自明也'。"

③ 克:能,能够。

④ 《大甲》:是《尚书·商书》中的篇名。大,读作泰(tài),大甲是商王汤的孙子,刚即位时无道,伊尹放逐大甲在桐,后来大甲悔过,复归王位。

⑤ 顾:顾念。郑玄注:"顾,念也。"朱熹《大学章句》:"顾,谓常目在之也。"

⑥ 諟(shì):"是"的古字,审察、反省。郑玄注:"諟,犹正也。"孔颖达疏:"諟,正也。伊尹戒大甲云:尔为君,当顾念奉正天之显明之命,不邪僻也。"朱熹《大学章句》:"諟,犹此也,或曰审也。"

⑦ 明命:光明的本性。朱熹《大学章句》:"天之明命,即天之所以与我,而我之所以为德者也。常目在之,则无时不明矣。"

1.3 《帝典》①曰:"克明峻②德。"皆自明③也。

【解读】

《尚书·尧典》中说:"能够显明崇高的德性。"这是说自己应时时弘扬光明德性。

① 《帝典》:即《尧典》,是《尚书·虞书》中的篇名。
② 峻:大。郑玄注:"峻,大也。"孔颖达疏:"峻,大也。《尚书》之意,言尧能明用贤俊之德,此《记》之意,言尧能自明大德也。"
③ 自明:自己彰显光明德性。朱熹《大学章句》:"结所引书,皆言自明己德之意。"

传第二章

2.1　汤①之《盘铭》②曰:"苟③日新,日日新,又日新。"

【解读】

成汤在沐浴用的大盘上,镌刻着铭文:"今日真诚地想沐浴除去污垢,使身心涤新,那么就应该做到天天澡雪精神,并且每一天都不间断地自新。"

2.2　《康诰》曰:"作新民④。"

---

① 汤:商朝建国之君成汤。子姓,在位30年。今人多称商汤,又称武汤、天乙、成汤、成唐,甲骨文、大乙,又称高祖乙。
② 《盘铭》:盘指沐浴用的盛水盘,铭是刻在容器上用来自警自戒的铭词。郑玄注:"盘铭,刻戒于盘也。"孔颖达疏:"汤沐浴之盘,而刻铭为戒。必于沐浴之盘者,戒之甚也。"朱熹《大学章句》:"盘,沐浴之盘也。铭,名其器以自警之辞也。……汤以人之洗濯其心以去恶,如沐浴其身以去垢,故铭其盘。"
③ 苟:诚。孔颖达疏:"苟,诚也。"朱熹《大学章句》:"苟,诚也。"元代景星说:"此节工夫全在'苟'字'又'字上。'苟'字是志念真确于其始,'又'字是工夫不断于其终。"(景星:《大学集说启蒙》,《钦定四库全书·经部198》,上海古籍出版社1987年版,第976页)宋严陵方悫说:"日新者日新其德也。《易》曰:'日新之谓盛德'。'苟日新'者言日新之有始也。'日日新'者言日新之,有继也。'又日新'者言日新之,有加也。既有始又有继又有加,则日新其德,于是为至极之为。"(卫湜:《礼记集说》卷一百四十九,《钦定四库全书·经部114》,上海古籍出版社1987年版,第614页)
④ 作新民:激励人人自新。作:激励,振奋。孔颖达疏:"成王既伐管叔、蔡叔,以殷余民封康叔,《诰》言殷人化纣恶俗,使之变改为新人。此《记》之意,自念其德为新民也。"朱熹《大学章句》:"鼓之舞之之谓作,言振起其自新之民也。"沈僩说:"鼓之舞之之谓作。如击鼓然,自然使人跳舞踊跃。然民之所以感动者,由其本有此理。上之人既有以自明其明德,时时提撕警策,则下之人观瞻感发,各有以兴起其同然之善心,而不能已耳。"((宋)黎靖德:《朱子语类》卷第十六,中华书局1986年版,第319页)

【解读】

《尚书·康诰》说:"激励民众振作自新、彰显德性。"

2.3　《诗》①曰:"周虽旧邦②,其命维新③。"

【解读】

《诗》说:"周朝虽然是古老的邦国,尊天敬德,秉受了新的天命,不断除旧树新。"

2.4　是故君子无所不用其极④。

【解读】

所以,品德高尚的君子无时不刻用尽心力,追求至善的生命境界。

---

①　《诗》:即《诗经》,我国第一部诗歌总集,共三百零五篇。"周虽旧邦,其命维新"引自《诗经·大雅·文王》,是歌颂周文王功勋业绩的诗篇。

②　周虽旧邦:旧邦,古老的邦国。周指周王朝。后稷为周之始祖,尧封之于邰,经夏、商两朝都是诸侯国,至文王时已千有余年,故曰旧邦。邦,是对古代诸侯封国的称谓。

③　其命维新:其命,指周朝所秉受的天命。维新:除旧树新。孔颖达疏:"此《大雅·文王》之篇。其诗之本意,言周虽旧是诸侯之邦,其受天之命,唯为天子而更新也。此《记》之意,其所施教命,唯能念德而自新也。"朱熹《大学章句》:"言周国虽旧,至于文王,能新其德以及于民,而始受天命也。"

④　极:顶点,指至善的完美境界。孔颖达疏:"极,尽也。"

传第三章

3.1 《诗》①云:"邦畿千里②,惟民所止③。"

【解读】

《诗》说:"方圆千里的王都,这是人民居住的地方。"

3.2 《诗》④云:"缗蛮⑤黄鸟,止于丘隅⑥。"子曰:"于止⑦,

---

① 《诗》云:"邦畿千里,惟民所止"这两句诗,引自《诗经·商颂·玄鸟》。
② 邦畿千里:畿(jī),疆也。邦畿,指天子所在的京城及周围属其管辖的地域。郑玄笺:"王畿千里之内,其民居安,乃后兆域正天下之经界,言其为政自内及外。"朱熹《大学章句》:"邦畿,王者之都也。"千里,指方圆千里。旧说天子统治之地千里,称为王畿。
③ 止:居住。朱熹《大学章句》:"止,居也。"程颐说:"释氏多言定,圣人便言止。如物之好须道是好,物之恶须道是恶。物自好恶关我这里甚事,若说道我只定,更无所为,然物之好恶亦自在里。故圣人只言止。所谓止如人君止于仁,如人臣止于敬之类也。《易》曰:'艮其止,止其所也',言随其所止而止之。人多不能止,盖人、万物皆备遇事,各因其心之所重,更互而出,才见得一事重,便有这事出,若能物各付物便自分出。又曰人多思虑不能自宁,只是做他心主不定,要作得心主。唯是止于事。"(卫湜:《礼记集说》卷一百五十一,《钦定四库全书·经部114》,上海古籍出版社1987年版,第619页)
④ 《诗》云:"缗蛮黄鸟,止于丘隅"这两句诗引自《诗经·小雅·绵蛮》。
⑤ 缗蛮:即绵蛮,鸟鸣声。《毛诗》作"绵",传云:"绵蛮,小鸟貌。"朱熹《大学章句》:"缗蛮,鸟声"
⑥ 丘隅:草木茂密幽静的山丘一角。朱熹《大学章句》:"丘隅,岑蔚之处。"正义曰:"岑,谓岩险。蔚,谓草木蓊蔚。言鸟之所止,必择静密之处也。"
⑦ 于止:鸟止息之地。郑玄注:"于止,于鸟之所止也。就而观之,知其所止,知鸟择岑蔚安闲而止处之耳。言人亦当择礼义乐土而自止处也。"程颐说:"'于止,知其所止',谓当止其所也。夫有物必有则,父止于慈,子止于孝,君止于仁,臣止于忠。万物庶事莫不各有其所,得其所则安,失其所则悖。圣人所以能使天下顺。治非能为物作则也。唯止之各于其所而已。"(卫湜:《礼记集说》卷一百五十一,《钦定四库全书·经部114》,上海古籍出版社1987年版,第619页)

知其所止,可以人而不如鸟乎!"

【解读】

《诗》说:"缗缗蛮蛮鸣叫的小黄鸟,栖息在草木茂盛幽静的山丘一角。"孔子说:"小鸟尚且知道应栖息何处,难道人反而不如小鸟吗!"

3.3 《诗》①云:"穆穆②文王,於缉熙敬止③。"为人君,止于④仁;为人臣,止于敬;为人子,止于孝;为人父,止于慈;与国人交,止于信。

【解读】

《诗》说:"端严肃穆的周文王啊!继承先祖光辉业绩,达到至善的道德境界。"作为君王,要做到仁爱。作为臣子,要做到敬。作为子女,要做到孝。作为父母,要做到慈爱子女。与人交往,要做到诚信。

3.4 《诗》⑤云:"瞻彼淇澳⑥,菉竹猗猗⑦。有斐⑧君子,

---

① 《诗》云:"穆穆文王,於缉熙敬止"这两句诗引自《诗经·大雅·文王》。
② 穆穆:仪表端庄美好。《尔雅·释训》:"穆穆,敬也。"毛传:"美也。"朱熹《大学章句》:"穆穆,深远之意。"
③ 於缉熙敬止:於(wū),表示赞叹的语气词。缉,继承。熙,光明。毛传与郑玄认为"缉熙,光明也。"朱熹《大学章句》:"於缉之於,音乌。……於,叹美辞。缉,继续也。熙,光明也。敬止,言其无不敬而安所止也。"
④ 止于:达到至善的道德境界。
⑤ 《诗》云:"瞻彼淇澳,菉竹猗猗"这两句诗出自《诗经·卫风·淇澳》。
⑥ 淇澳:淇:卫国河水名。澳(yù):弯曲的河岸。郑玄注:"澳,隈崖也。"朱熹《大学章句》:"淇,水名。澳,隈也。"
⑦ 菉竹猗猗:菉同"绿",绿色。猗猗,茂盛的样子。郑玄注:"喻美盛。"朱熹《大学章句》:"猗猗,美盛貌。兴也。"
⑧ 斐:有文采的样子。郑玄注:"斐,有文章貌也。"朱熹《大学章句》:"斐,文貌。"

如切如磋①,如琢如磨②。瑟③兮僩④兮,赫兮喧⑤兮。有斐君子,终不可谖⑥兮!"如切如磋者,道学⑦也;如琢如磨者,自修⑧也;瑟兮僩兮者,恂慄⑨也;赫兮喧兮者,威仪⑩也;有斐君子,终不可谖⑪兮者,道盛德至善,民之不能忘也。

【解读】

《诗》说:"你看那淇水转弯的岸边,嫩绿的竹子郁郁葱葱。有一位文质彬彬的君子,研究学问如加工骨器,不断切磋。修养自身品性,如打磨美玉,反复琢磨。多么庄重严谨啊,多么威武壮勇啊,多么显赫光明啊,多么盛大显扬啊!这样一位文采斐然的君子,令人难以忘怀!"诗中所说的"如切如磋",是指他研讨学问的态度;诗中所说的"如琢如

---

① 如切如磋:加工骨称"切",加工象牙称"磋"。《尔雅》云:"骨曰切,象曰磋。"朱熹《大学章句》:"切以刀锯,琢以锥凿,皆裁物使成形质也。治骨角者,既切而复磋之。皆言其治之有绪,而益致其精也。"切磋形容人与人之间在道德学问方面相互研讨勉励。陆德明在《经典释文》中"磋"作"瑳"(陆德明:《经典释文》卷十四,四部丛刊初编经部)。其他各版本相同,都是"如切如磋"。
② 如琢如磨:加工玉称"琢",加工石称"磨"。《尔雅》云:"玉曰琢,石曰磨。"朱熹《大学章句》:"治玉石者,既琢而复磨之。"琢磨形容对待德业修养方面精益求精。《经典释文》为"如摩",云"本亦作磨"(陆德明:《经典释文》卷十四,四部丛刊初编经部)。其他版本相同,都是"如琢如磨"。
③ 瑟(sè):庄重严谨。朱熹《大学章句》:"瑟,严密之貌。"
④ 僩(xiàn):威武壮勇。朱熹《大学章句》:"僩,武毅之貌。"
⑤ 赫兮喧(xuān):赫:光明显赫。喧:同"烜",盛大显扬。朱熹《大学章句》:"赫喧,宣著盛大之貌。"
⑥ 谖(xuān):忘记。郑玄注:"谖,忘也。"
⑦ 道学:道,说,言的意思。"学"指讲习研讨之事。郑玄注:"道犹言也。"朱熹《大学章句》:"道,言也。学,谓讲习讨论之事。"
⑧ 自修:自我省察克治的功夫。朱熹《大学章句》:"自修者,省察克治之功。"
⑨ 恂(xún)慄(lì):谨慎而有所戒惧。"慄"同"栗"。郑玄注:"恂,字或作'峻',读如严峻之'峻',言其容貌严栗也。"孔颖达疏:"恂,读为'峻',言颜色严峻战栗也。"朱熹《大学章句》:"恂慄,战惧也。"
⑩ 威仪:仪容使人敬畏。朱熹《大学章句》:"威,可畏也。仪,可象也。"
⑪ 谖:惠栋校宋本、石经、宋监本、岳本、嘉靖本、卫湜《礼记集说》同。闽本残缺,监、毛本作"諠"。

磨",是指他自我省察克治的功夫;说他"瑟兮僴兮",是指他内心慎独而有所戒惧;说他"赫兮喧兮",是指他仪表堂堂,令人敬畏;说"这样一位文采斐然的君子,令人难以忘怀!"是指他盛大德行已达到了最完善的境界,让人难以忘怀。

3.5　《诗》①云:"於戏②前王③不忘!"君子④贤其贤⑤而亲其亲,小人⑥乐其乐而利其利,此以⑦没世⑧不忘也。

【解读】

《诗》说:"呜呼！前代贤王的美好德行令人难以忘怀!"后世的贤人君王尊重贤人,亲近老百姓。后世的人民安乐于他们所赐予的安乐,受惠于他们所赐予的利益。因此即使前代贤人君王已不在人世,后世所有的人永远忘不了他们的贤德仁政。

---

① 《诗》云:"於戏！前王不忘"引自《诗经·周颂·烈文》。这是周成王即位时祭祀祖先的颂歌,表示不忘先祖(周文王、周武王)的丰功伟绩。
② 於(wū)戏(hū):即呜呼,叹词。郑玄注:"於音乌,戏,好胡反,"孔颖达疏:"於戏,犹言呜呼矣。"朱熹《大学章句》:"於戏,音呜呼……於戏,叹词。"
③ 前王:指周文王、周武王,泛指古代贤王。
④ 君子:泛指后世的贤人和君王。朱熹《大学章句》:"君子,谓其后贤后王。"
⑤ 贤其贤:前一个"贤"是动词,指尊重,后一个"贤"是名词,指贤明的君子。
⑥ 小人:指后世的平民百姓。朱熹《大学章句》:"小人,谓后民也。"
⑦ 此以:所以,因此。
⑧ 没世:即殁世,一辈子。

传第四章

4.1 子曰:"听讼①,吾犹人②也,必也使无讼③乎!"无情④者不得尽其辞。大畏民志⑤,此谓知本⑥。

【解读】

孔子说:"审理诉讼案件,我与他人有相同之处。唯一不同之处在于期盼天下从此不再争讼!"让没有事实依据的人,不敢用虚诞的言辞控告他人。让人性内在德性彰显,敬畏人民的意志,这才叫做知道事物的根本所在。

---

① 听讼:察听诉讼者的话,即审理诉讼案。其他各版本相同,但陆德明在《经典释文》中为"吾听讼,犹人"。(陆德明:《经典释文》卷十四,四部丛刊初编经部)

② 犹人:同他人一样,不异于人。犹,同。朱熹《大学章句》:"不异于人也。"

③ 无讼:各版本都相同,但陆德明《经典释文》为"毋讼",云"音无"。(陆德明:《经典释文》卷十四,四部丛刊初编经部)

④ 无情:不是真实情况。情,实也。郑玄注:"情,犹实也。"朱熹《大学章句》:"情,实也。"

⑤ 大畏民志:畏:畏服。民志:民心,人民的意志。孔颖达疏:"大能畏胁民人之志,言人有虚诞之志者,皆畏惧不敢讼,言民亦诚实其意也。"

⑥ 此谓知本:这才叫知道事物的根本所在。郑玄注:"本,谓'诚其意'也。"孔颖达疏:"此从上所谓'诚意',以下言此'大畏民志'。以上皆是'诚意'之事,意为行本,既精诚其意,是晓知其本,故云'此谓知本'也。"

传第五章

此谓知本,此谓知之至也①。

【解读】

这就是所谓的知道以修身为本,这就是所谓的认知的最高境界。

---

① 此谓知本,此谓知之至也:这两句在旧本《礼记·大学》中放在"其所厚者薄,而其所薄者厚,未之有也"之后,朱熹移在此处。程颐认为"此谓知本"是"衍文",与上文同,是多余的一句,应该删去。"此谓知之至也"以上,朱熹认为:"此句之上别有阙文,此特其结语耳。"因"释格物致知之义,而今亡矣。"所以,朱熹补大学第五章阙文:"所谓致知在格物者,言欲致吾之知,在即物而穷其理也。盖人心之灵莫不有知,而天下之物莫不有理,惟于理有未穷,故其知有不尽也。是以大学始教,必使学者即凡天下之物,莫不因其已知之理而益穷之,以求至乎其极。至于用力之久,而一旦豁然贯通焉,则众物之表里精粗无不到,而吾心之全体大用无不明矣。此谓物格,此谓知之至也。"明代人张侗初认为:"'大畏民志',格物也。'此谓知本',物有本末之本也。物格而后知至矣,故曰'此谓知本,此谓知之至也'。此正是释格物致知,直捷痛快,不须蛇足。"(张岱:《四书遇·听讼章》,浙江古籍出版社1985年版,第9页)清代张岱也说:"以'古之欲明明德'直接在'止于至善'之下,直截痛快,不必更为补传。"(张岱:《四书遇·知本章》,浙江古籍出版社1985年版,第10页)

传第六章

6.1 所谓诚其意①者,毋②自欺也,如恶恶臭③,如好好色④,此之谓自谦⑤,故君子必慎其独⑥也!

【解读】

所谓使自己意念真诚,是说不要自己欺骗自己。就像厌恶难闻的

---

① 诚其意:使自己意念真诚。诚:使动用法,使……真诚。朱熹《大学章句》:"诚其意者,自修之首也。"
② 毋:不要。朱熹《大学章句》:"毋者,禁止之辞。"
③ 恶(wù)恶(è)臭(xiù):厌恶难闻的气味。前一个"恶"是动词,指讨厌、厌恶。第二个"恶"是形容词。臭,通"嗅",气味。
④ 好(hào)好(hǎo)色:喜爱美丽的女子。前一个"好"是动词,指喜欢、喜爱。后一个"好"是形容词,指美丽的。好色,美丽的容貌。
⑤ 谦(qiè):同"慊",满足,惬意,欢快。郑玄注:"读为慊,慊之言厌也。"孔颖达疏:"谦读如慊,慊然安静之貌。心虽好、恶而口不言,应自然安静也。"程颐认为:"人须知自谦之道,自谦者无不足也,若有不足则如张子所谓:'有外之心不足以合天心也'。"(卫湜:《礼记集说》卷一百五十,《钦定四库全书·经部114》,上海古籍出版社1987年版,第602页)司马光认为:"慊者足于心,君子见不善必去之,然后慊;见善必得之,然后慊。"(卫湜:《礼记集说》卷一百五十,《钦定四库全书·经部114》,上海古籍出版社1987年版,第603页)朱熹《大学章句》:"谦,快也,足也。"
⑥ 慎其独:在独处之时,或面对他人所不知而自己独知的心念,戒慎自律。朱熹《大学章句》:"独者,人所不知而己所独知之地也。言欲自修者知为善以去其恶,则当实用其力,而禁止其自欺。使其恶恶则如恶恶臭,好善则如好好色,皆务决去,而求必得之,以自快足于己,不可徒苟且以殉外而为人也。然其实与不实,盖有他人所不及知而己独知之者,故必谨之于此以审其几焉。"清王夫之说:"慎字不可作'防'字解,乃缜密详谨之意。"(王夫之:《读四书大全说》卷一,中华书局1975年版,第19页)宋代卫湜引新定钱氏曰:"独非必暗室屋漏之谓,虽大庭广众而一念之动我自知耳,于此致谨,正是做不自欺功夫。"(卫湜:《礼记集说》卷一百五十,《钦定四库全书·经部114》,上海古籍出版社1987年版,第607页)引新定邵氏曰:"独非特孤居独处之谓也。虽与人同堂合席,而意藏于中,人所不知,己所独知者,皆君子致谨之时也。能谨其独,则能诚其意矣。"(卫湜:《礼记集说》卷一百五十,《钦定四库全书·经部114》,上海古籍出版社1987年版,第608页)

气味,就像喜爱美丽的容貌那样自然流露,这就是说一切都要发自内心的自然德性。所以,品德高尚的人在独处之时,或面对他人所不知而自己独知的心念,戒慎自律,让内心的诚意时时彰显。

6.2　小人闲居①为不善,无所不至,见君子而后厌然②,揜③其不善,而著④其善。人之视己,如见其肺肝然,则何益矣。此谓诚于中⑤,形于外,故君子必慎其独也。

【解读】

小人在独处时为非作歹,什么事情都做得出来。见到君子时遮遮掩掩,掩盖自己的过错,努力表现出自己善的一面。但在他人看来,就如能看穿自己五脏六腑一样,这种掩盖有什么益处呢？这就是所说的一个人内心真诚,一定会显露在外表上。所以,品德高尚的人无论何时何地都恪守"慎独"。

6.3　曾子曰:"十目所视,十手所指,其严乎⑥!"

【解读】

曾子说:"在一个人独处时,就好像周围有十只眼睛注视着自己,十只手指着自己,这难道不令人敬畏谨慎吗？"

---

① 闲居:独处。朱熹《大学章句》:"闲居,独处也。"
② 厌(yǎn)然:躲闪、掩藏。郑玄认为是:"厌,读为黡,黡,闭藏貌也。"朱熹《大学章句》:"厌然,消沮闭藏之貌。"
③ 揜(yǎn):同"掩",遮掩、掩藏。
④ 著(zhù):显示,宣扬。
⑤ 中:指内心。下面的"外"指外表。
⑥ 其严乎:这难道不令人敬畏谨慎吗？严,严厉,敬畏。郑玄注:"严乎,言可畏敬也。"孔颖达疏:"既视者及指者皆众,其所畏敬,可严惮乎。"

24

6.4 富润屋①,德润身②,心广体胖③,故君子必诚其意。

【解读】

财富可以润饰房屋,品德可以润饰身心。心胸宽广,身体自然安适康泰。所以,品德高尚的人一定要使自己内在的诚意彰显,体现在言行举止上。

---

① 润屋:装饰房屋。
② 润身:修养身心。
③ 心广体胖(pán):心境宽广,身体安然康泰。胖,安适、舒坦。郑玄注:"胖,犹大也。"朱熹《大学章句》:"胖,安舒也。言富则能润屋矣,德则能润身矣,故心无愧怍,则广大宽平,而体常舒泰,德之润身者然也。盖善之实于中而形于外者如此,故又言此以结之。"

传第七章

7.1　所谓修身在正其心①者,身②有所忿懥③,则不得其正④;有所恐惧,则不得其正;有所好乐⑤,则不得其正;有所忧患,则不得其正。

【解读】

所谓修身贵在端正心志,是因为心是主宰。有了愤怒的情感,心就失去端正;有了恐惧的情感,心就失去端正;有了喜好的情感,心就失去端正;有了忧虑的情感,心就不能端正。

7.2　心不在焉,视而不见,听而不闻,食而不知其味。

【解读】

心不端正,就像心不在其位,眼睛看着东西,却像没有看见一样;耳朵听着声音,却像没有听见一样;嘴里吃着东西,却不知道食物的滋味。

---

①　修身在正其心:修养自身就在于端正自己的心。
②　身:情感。但是程子认为"身"作"心":"'身有'之'身'当作'心'。"
③　忿懥(zhì):忿恨发怒。郑玄注:"懥,怒貌也。"朱熹《大学章句》:"忿懥,怒也。"
④　不得其正:不能端正。朱熹《大学章句》:"盖是四者,皆心之用,而人所不能无者。然一有之而不能察,则欲动情胜,而其用之所行,或不能不失其正矣。"
⑤　好(hào)乐(yào):爱好,喜欢。郑玄注:"好,呼报反,……乐,徐五孝反,一音岳。"

7.3　此谓修身在正其心。

【解读】

这就是说,修养贵在端正自己的心。

传第八章

8.1 所谓齐其家在修其身①者:人之②其所亲爱而辟③焉,之其所贱恶④而辟焉,之其所敬畏而辟焉,之其所哀矜⑤而辟焉,之其所敖惰⑥而辟焉。故好⑦而知其恶,恶⑧而知其美者,天下鲜⑨矣!

【解读】

所谓治理好自家在于先修养身心,是因为人们往往会有种种情感和认识的偏差:人们对于自己亲近的人往往过于偏爱;对于自己所轻视厌恶的人往往过于轻贱厌恶;对于自己所敬仰的人往往过于敬畏;对于自己怜悯的人往往过分同情;对于自己所轻视的人往往过分怠慢。因此,喜爱一个人同时又能看到那人的缺点,厌恶一个人同时又能看到那人的优点,天底下这种人真是太少了!

---

① 齐其家在修其身:管理好家庭在于先修养自己。齐:治理、管理、整治。
② 人之:人,众人。"之",即"于",对于。郑玄注:"之,适也。"
③ 辟:偏见,偏僻,偏差。毛本、岳本、闽、监、卫湜《礼记集说》同为"辟";而石经、宋监本、嘉靖本、惠栋校宋本同作"譬",《考文》引古本。郑玄注:"譬犹喻也。"阮元等人《校勘记》指出:"今古注'譬犹喻也'并作'譬',独卫氏《集说》作'辟'。'譬',正字;'辟',假借字。郑玄注:'辟音譬,下及注同,谓譬喻也。'"朱熹《大学章句》:"辟,犹偏也。"今取"辟"同"僻",偏见。
④ 贱恶(wù):贱,轻视。恶,动词,憎恶,厌恶。
⑤ 哀矜:同情,怜悯。
⑥ 敖惰:敖同"傲",骄傲。惰:怠惰,懈怠。
⑦ 好(hào):动词,喜欢。
⑧ 恶(wù):动词,憎恶。
⑨ 鲜(xiǎn):少。郑玄注:"鲜,罕也。"

8.2　故谚①有之曰："人莫知其子之恶,莫知其苗之硕②。"

【解读】

　　所以俗语说："由于溺爱,人都不了解自己孩子的缺点;由于贪心,人都看不到自家的禾苗长得肥壮。"

8.3　此谓身不修不可以齐其家。

【解读】

　　这就是说,如果不修养自身,就不可能管理好自己的家庭。

---

① 谚(yàn):俗语。
② 硕:大,肥壮。郑玄注:"硕,大也。"朱熹《大学章句》:"溺爱者不明,贪得者无厌,是则偏之为害,而家之所以不齐也。"

传第九章

9.1 所谓治国必先齐其家①者,其家不可教而能教人者,无之。故君子不出家而成教于国②:孝③者,所以事君也;弟④者,所以事长也;慈⑤者,所以使众也。

【解读】

所谓治理国家必须先治理好自己的家庭,意思是说如果连自己家里人都不能管教好而能管教好他人,这是不可能的事。所以,君子不出家门,也能将人文教化推及到全国。把在家中对父母的孝顺,往外延伸为侍奉君主;把在家中对兄长的恭敬,往外延伸为侍奉尊长;把在家中对子女的慈爱,延伸为爱待民众。

9.2 《康诰》曰:"如保赤子⑥",心诚求之,虽不中,不远矣⑦。

---

① 治国必先齐其家:治理国家一定先整治好自己的家庭。
② 君子不出家而成教于国:君子即使不出家门,也能将其教化推及到全国。朱熹《大学章句》:"身修,则家可教矣;孝、弟、慈,所以修身而教于家者也;然而国之所以事君事长使众之道,不外乎此。此所以家齐于上,而教成于下也。"
③ 孝:孝敬父母。《说文》:"孝,善事父母者。"
④ 弟:同"悌",顺从和敬爱兄长。
⑤ 慈:慈爱子女。贾谊《新书·道术》:"亲爱利子谓之慈。"
⑥ 如保赤子:像保护婴儿一样。赤子:初生的婴儿。《尚书·周书·康诰》原文是"若保赤子"。孔颖达疏:"此成王命康叔之辞。赤子谓心所爱之子。言治民之时,如保爱赤子,爱之甚也。"朱熹《大学章句》:"此引书而释之,又明立教之本不假强为,在识其端而推广之耳。"
⑦ 心诚求之,虽不中,不远矣:内心真诚地去追求仁爱,即使不能完全达到目标,但也不会相差太远。中(zhòng):正好符合。孔颖达疏:"言爱此赤子,内心精诚,求赤子之嗜欲,虽不能正中其所欲,去其所嗜欲,其不甚远。言近其赤子之嗜欲,为治人之道亦当如此也。"

未有学养子①而后嫁者也！

【解读】

《书·周书·康诰》说："爱护百姓如同爱护婴儿一样。"只要内心真诚有爱，即使不能完全达到目标，但也不会相差太远。没有先学会了如何养孩子，然后再出嫁的女子！

9.3　一家仁②，一国兴仁；一家让，一国兴让；一人贪戾③，一国作乱；其机④如此。此谓一言偾事⑤，一人定国。

【解读】

如果国君一家仁爱相亲，就会影响到一国人兴起仁爱之风；国君一家能够谦虚礼让，那么就会影响到一国人兴起礼让之风；如果国君一人贪婪暴戾，那么一国的人就会跟着为非作乱。国君一人一家对国家兴衰起着关键性的作用。这就叫做：一句话可以败坏大事，一个人可以安定国家。

---

① 养子：生养孩子。郑玄注："养子者，推心为之而中于赤子之嗜欲也。"孔颖达疏："言母之养子，自然而爱，中当赤子之嗜欲，非由学习而来。"

② 一家仁：国君一家仁爱。一家指国君。郑玄注："'一家'，谓人君也。"孔颖达疏："言人君行善於家，则外人化之，故一家、一国，皆仁让也。"

③ 一人贪戾：一人：国君一人贪婪暴戾。指国君一人。郑玄注："'一人'，谓人君也。"贪戾：贪污财物，性情暴戾。郑玄注："戾之言利也。"孔颖达疏："谓人君一人贪戾恶事，则一国学之作乱。"

④ 机：引发的关键，枢机。郑玄注"机，发动所由也。"朱熹与郑玄注同。"机"的本义是指弓弩上的发射机关，引申为关键。孔颖达疏："机，谓关机也。动於近，成於远，善恶之事，亦发於身而及於一国也。"

⑤ 一言偾事：偾(fèn)，本义是翻倒在地，引申为覆败、败坏。"偾"各版本都相同，陆德明《经典释文》出"贲事"，云"本又作偾，注同"。阮元等人《校勘记》："按'贲'假借字。"郑玄注："偾犹覆败也。"孔颖达疏："偾，犹覆败也。谓人君一言覆败其事，谓恶言也。"朱熹《大学章句》："偾，覆败也。此言教成于国之效。"

9.4 尧舜①帅②天下以仁,而民从之;桀纣③帅天下以暴,而民从之;其所令反其所好④,而民不从。是故君子有诸己⑤而后求诸人,无诸己⑥而后非诸人。所藏乎身不恕⑦,而能喻⑧诸人者,未之有也。

【解读】

唐尧虞舜用仁政统率天下,老百姓就跟从他们学仁爱;桀纣用暴政统率天下,老百姓就跟从他们学会残暴。如果国君所颁布的诏令与国君自己的实际表现相反,老百姓是不会服从的。所以,品德高尚的人总是自己先做到仁爱礼让,然后才要求别人也做到仁爱礼让;自己先不做贪婪暴戾之事,然后才禁止别人作恶。如果自身所本有的推己及人的恕道不实践出来,却想晓谕别人按善行去做,这是从来没有过的事。

① 尧舜:古史传说中部落联盟的两位首领。尧姓伊祁,名放勋,属于陶唐氏,史称唐尧。舜,姚姓,名重华,其国号为"有虞",故号为"有虞氏帝舜"。尧帝和舜帝历来是圣明君王的代表。
② 帅(shuài):统率,领导。
③ 桀纣:二人被认为是暴君的代表。桀:是夏朝最后一个国王,名履癸,后被商汤所灭。纣:商代最后一位君主,姓子名受,人称殷纣王,后被周武王所灭。
④ 所令反其所好(hào):国君所颁布的诏令与他自己的言行相反。好:动词,喜好,喜欢。孔颖达疏:"令,谓君所号令之事。若各随其行之所好,则人从之。其所好者是恶,所令者是善,则所令之事反其所好,虽欲以令禁人,人不从也。"
⑤ 有诸己:诸,代"之于"两字,也是这两字的合音。有诸己是"有之于己",这"之"代表前面讲的"仁"、"让",于指"在",即有仁让在自己。郑玄注:"'有于己',谓有仁让也。"孔颖达疏:"诸,于也。谓君子有善行于己,而后可以求于人,使行善行也。谓于己有仁让,而后可求于人之仁让也。"
⑥ 无诸己:诸,代表"之于"的"之"指前面讲的"贪戾"、"暴虐"。郑玄注:"'无于己',谓无贪戾也。"孔颖达疏:"谓无恶行于己,而后可以非责于人为恶行也。谓无贪利之事于己,而后非责于人也。"
⑦ 恕:恕道,就是"己所不欲,勿施于人"的恕道、推己及人的恕道。孔颖达疏:"谓所藏积於身既不恕实,而能晓喻於人,使从己者,未之有也。言无善行於身,欲晓喻於人为善行,不可得也。"
⑧ 喻:晓喻,使人明白。

9.5 故治国在齐其家。

【解读】

所以说要治理国家,必须先管理好自己的家。

9.6 《诗》①云:"桃之夭夭,其叶蓁蓁②;之子③于归④,宜⑤其家人。"宜其家人,而后可以教国人。

【解读】

《诗》说:"翠绿繁茂的桃树啊,叶子长得繁密。这个女子嫁往夫家啊,让夫家和睦孝顺。"全家人都和睦孝顺,然后才能教育一国的人都和睦孝顺。

9.7 《诗》⑥云:"宜兄宜弟⑦。"宜兄宜弟,而后可以教国人。

---

① 《诗》:"桃之夭夭,其叶蓁蓁。之子于归,宜其家人"引自《诗经·周南·桃夭》。
② 桃之夭夭,其叶蓁蓁:翠绿繁茂的桃树啊,叶子长得繁密。夭夭:草木美好的样子。毛传:"桃有华之盛者,夭夭,其少壮也。"郑玄注:"夭夭、蓁蓁,美盛貌。"蓁(zhēn)蓁:茂盛的样子。孔颖达疏:"《诗》云:'桃之夭夭,其叶臻臻'者,此《周南·桃夭》之篇,论昏姻及时之事。言'桃之夭夭'少壮,其叶臻臻茂盛,喻妇人形体少壮、颜色茂盛之时,似'桃之夭夭'也。
③ 之子:这个人,此指出嫁的女子。毛传:"之子,嫁子也。"《尔雅·释训》:"之子者,是子也。"郑玄注:"'之子'者,是子也。"
④ 于归:往归夫家。于,往也。归,出嫁,妇人出嫁曰归,古代妇女以夫家为家,故以嫁为归。《春秋·隐公二年》公羊传:"妇人谓嫁曰归。"毛传:"于,往也。"
⑤ 宜:善、合宜、和顺。郑笺云:"宜者,谓男女年时俱当。"《说文》:"宜,所安也。"孔颖达疏:"宜,可以为夫家之人。"
⑥ 《诗》:"宜兄宜弟"引自《诗经·小雅·蓼(lù)萧》,此篇是赞美周成王的诗,说成王有德,宜为人兄,宜为人弟。
⑦ 宜兄宜弟:兄弟和睦相处。孔颖达疏:"谓自与兄弟相善相宜也。既为兄弟相宜,而可兄弟之意,而后可以教国人也。"

33

【解读】

《诗》篇说:"兄弟和睦。"家里的兄弟和睦,然后才能够教化一国的人都和睦。

9.8 《诗》①云:"其仪②不忒③,正是四国④。"其为父子兄弟足法,而后民法之也。

【解读】

《诗》说:"自己的仪容举止没有偏差,才可以成为四方国家效法的榜样。"只有当一个人无论是作为父亲、儿子,还是兄长、弟弟,一切行为都值得人效法,老百姓才会以他为榜样。

9.9 此谓治国在齐其家。

【解读】

这就是说要治理好国家,必须先管理好自己的家。

---

① 《诗》:"其仪不忒,正是四国"引自《诗经·曹风·鸤(shī)鸠(jiū)》。
② 仪:法仪,礼节,仪容举止。
③ 忒(tè):偏差。孔颖达疏:"忒,差也。"
④ 正是四国:四方国家的榜样。孔颖达疏:"正,长也。言在位之君子,威仪不有差忒,可以正长是四方之国,言可法则也。"

传第十章

10.1　所谓平天下在治其国者:上老老①而民兴孝,上长长②而民兴弟③,上恤④孤⑤而民不倍⑥,是以君子有絜矩之道⑦也。

【解读】

所谓平定天下就是要治理好自己的国家,是因为:在上位的人尊敬老人,全社会就会兴起孝顺自己的父母的风气;在上位的人尊重长辈,全社会就会兴起尊重兄长的风气;在上位的人体恤救济孤儿,老百姓也会同样跟着去做而不会背道而驰。所以,品德高尚的人总是洁身自好,

① 老老:第一个"老"是动词,尊敬、孝养。第二个"老"是名词,老人。郑玄注:"谓尊老敬长也。"
② 长(zhǎng)长(zhǎng):第一个"长"是动词,敬重,尊敬。第二个"长"是名词,长者。郑玄注:"谓尊老敬长也。"
③ 弟:同"悌",敬顺兄长。
④ 恤(xù):怜悯、救济。郑玄注:"恤,忧也。"
⑤ 孤:幼而无父曰孤。
⑥ 倍:同"背",背道而驰。
⑦ 絜(xié)矩之道:衡量是非对错的法则。絜:度量,是用带子围着事物进行度量,是从圆的角度而言。矩:方尺,画直角或方形的工具,是从方的角度而言。郑玄注:"絜,犹结也,挈也。矩,法也。君子有挈法之道,谓当执而行之,动作不失之。……'絜矩之道',善持其所有,以恕於人耳。治国之要尽於此。"孔颖达疏:"絜,犹结也;矩,法也。言君子有执结持矩法之道,动而无失,以此加物,物皆从之也。……能持其所有,以待于人,恕己接物,即'絜矩之道'。"朱熹《大学章句》:"絜,度也。矩,所以为方也。……君子必当因其所同,推以度物,使彼我之间各得分愿,则上下四旁均齐方正,而天下平矣。"意思是说:君子了解大家的心理是相同的,一切作为,都是要站在他人的立场上来设想,人同此心,心同此理,好像拿器具去量物一样,使上下四方一切事物都得到均齐平正。这就是所谓"絜矩之道"。杨伯峻认为:"'恕'只是'己所不欲,勿施於人'……'絜矩之道'就是'恕'道。"(杨伯峻:《论语译注》,中华书局1980年版,第176页)

以推己及人为尺度,以身作则,这个道理就是"絜矩之道"。

10.2 所恶①于上,毋以使下;所恶于下,毋以事上;所恶于前,毋以先后;所恶于后,毋以从前;所恶于右,毋以交于左;所恶于左,毋以交于右:此之谓絜矩之道。②

【解读】

如果厌恶上司对你采取的某种行为,就不要用这种行为去对待你的下属;如果厌恶下属对待你的某种行为,就不要用这种行为去对待你的上司;如果厌恶在你前面的人对你的某种行为,就不要用这种行为去对待在你后面的人;如果厌恶在你后面的人对你的某种行为,就不要用这种行为去对待在你前面的人;如果厌恶在你右边的人对你的某种行为,就不要用这种行为去对待在你左边的人;如果厌恶在你左边的人对你的某种行为,就不要用这种行为去对待在你右边的人。这就叫做"絜矩之道"。

10.3 《诗》云:"乐只君子,民之父母。"③民之所好好④之,民之所恶恶之,此之谓民之父母。

---

① 恶(wù):动词,憎恶、厌恶。以下恶字均同此意。
② 朱熹《大学章句》:"此覆解上文絜矩二字之义。如不欲上之无礼于我,则必以此度下之心,而亦不敢以此无礼使之。不欲下之不忠于我,则必以此度上之心,而亦不敢以此不忠事之。至于前后左右,无不皆然,则身之所处,上下、四旁、长短、广狭,彼此如一,而无不方矣。彼同有是心而兴起焉者,又岂有一夫之不获哉。所操者约,而所及者广,此平天下之要道也。故章内之意,皆自此而推之。"
③ "乐只君子,民之父母":引自《诗经·小雅·南山有台》。"只"为语助词,读轻声zhi,这是学术史上通行的观点。郑笺说法有所不同:"'只'之言是也。""只"不是助词,而是指示代词了。两种说法皆通。"君子"在此指国君。孔颖达疏:"此记者引之,又申明'絜矩之道'。若能以己化民,从民所欲,则可谓民之父母。此《小雅·南山有台》之篇,美成王之诗也。只,辞也。言能以己化民,从民所欲,则可为民父母矣。"朱熹《大学章句》:"只,语助辞。言能絜矩而以民心为己心,则是爱民如子,而民爱之如父母矣。"
④ 好(hào)好(hào):喜好。朱熹《大学章句》:"好、恶,并去声,下并同。"

【解读】

《诗》说:"与民同乐的国君,是老百姓的父母。"他以老百姓的喜好为自己的喜好,以老百姓所厌恶为自己所厌恶的,这样的国君才称得上是民众的父母。

10.4 《诗》云:"节彼南山,维石岩岩,赫赫师尹,民具尔瞻。"① 有国者不可以不慎,辟②则为天下僇矣③。

【解读】

《诗》说:"高大雄伟的南山,岩石巍峨耸立。地位显赫的尹太师,老百姓都在看着你的一举一动。"拥有统治大权的人不可不谨慎。言行有偏颇,就会被天下人诛杀。

10.5 《诗》云④:"殷之未丧师,克配上帝⑤;仪监于殷,峻

---

① "节彼南山,维石岩岩,赫赫师尹,民具尔瞻":引自《诗经·小雅·节南山》。节,毛传:"高俊貌。"《韩诗》说"节"是"视"的意思,也讲得通。毛传:"岩岩,积石貌。""赫赫,显盛貌。"师,大师,周之三公也。尹,尹氏为大师。具,俱。瞻,视。"孔疏:"节然高峻者,是彼南山,维积累其石,岩岩然高大,喻幽王大臣师尹之尊严。赫赫,显盛貌。是太师与人为则者。具,俱也。尔,汝也。在下之民,俱於汝而瞻视之,言皆视师尹而为法。此《记》之意,以喻人君在上,民皆则之,不可不慎。"朱熹《大学章句》:"节,截然高大貌。师尹,周太师尹氏也。具,俱也。"师尹:指西周的太师尹长。民具尔瞻:国人都在看着你的一举一动。具同"俱"。
② 辟(pì):偏僻。陆德明《释文》说"辟"与"僻"同。朱熹《大学章句》:"辟,偏也。"
③ 僇(lù):诛杀。陆德明《释文》说"僇"与"戮"同。郑玄注:"邪僻失道则有大刑。"孔颖达疏:"君若邪辟,则为天下之民共所诛讨,若桀、纣是也。"朱熹《大学章句》:"僇,与戮同。"
④ 《诗》云:"殷之未丧师"四句引自《诗经·大雅·文王》。
⑤ "殷之未丧(sàng)师,克配上帝":殷即指商代。商朝传至盘庚,迁都到殷,改国号为殷。丧,丧失。师,众人,此指民心。克,能够。配,匹配。上帝,天帝。孔颖达疏:"此《大雅·文王》之篇,美文王之诗,因以戒成王也。克,能也;师,众也。言殷自纣父帝乙之前,未丧师众之时,所行政教,皆能配上天而行也。"朱熹《大学章句》:"丧,去声。仪,诗作宜。峻,诗作骏。易,去声。诗文王篇。师,众也。配,对也。配上帝,言其为天下君,而对乎上帝也。"

37

命不易①。"道②得众则得国,失众则失国。

【解读】

《诗》说:"殷商在还没有丧失民心的时候,能够符合上天的要求。应该以殷商的兴亡作为借鉴,守住上天之命确实不容易。"得到民心就能得到国家,失去民心就会失去国家。

10.6　是故君子先慎乎德③。有德此④有人⑤,有人此有土⑥,有土此有财,有财此有用⑦。

【解读】

所以,品德高尚的人首先要戒慎于自己的道德修养。有德行就会

---

① "仪监于殷,峻命不易":仪,《诗经》本作"宜"。监,《大学》郑玄注、孔颖达疏、朱熹章句都解释为"监视"。《大学章句》:"监,视也。峻,大也。不易,言难保也。"今按:"监"通"鉴"。《诗经·大雅·文王》郑玄笺:"宜以殷王贤愚为镜。"诗疏作了详明发挥。《诗经·邶风·柏舟》"我心匪监",《释文》谓"本又作鉴","镜也"。监通鉴无疑。《诗经·大雅·文王》疏说:"殷自纣父以前未丧失众心之时,其德皆能配上天之命而行。由纣不能配天命,令臣民叛而归我。我宜鉴镜于殷,观其王之贤愚以为己戒。""峻命",《诗经》本作"骏命"。《诗经》毛传、《礼记》郑玄注、朱熹章句都认为"峻(骏)"是大的意思。"骏命不易"郑玄毛诗笺注认为是"天之大命不可改易"。《礼记》郑玄注则认为"峻命不易"是"天之大命得之诚不易"的意思。郑玄后一种说法更明确可信。

② 道:言说。郑玄注:"道犹言也。"孔颖达疏:"道,犹言也。《诗》所云者,言帝乙以上'得众则得国',言殷纣'失众则失国'也。"朱熹《大学章句》:"道,言也。"以"道"开头的这种句式告诉读者:上文意思说的是什么。《大学》下文"道善则得之"也是用这种句式。

③ 先慎乎德:先谨守自己的自然德性。朱熹《大学章句》:"先慎乎德,承上文不可不慎而言。德,即所谓明德。"

④ 此:刘淇先生《助学辨略》卷三认为"此"字解释为"斯也,乃也"。杨树达先生《词诠》将这种句式中的"此"解释为"承接连词",以为与"斯"字、"则"字用法相同。裴学海先生《古书虚词集释》也有这种说法。三位先生说法是正确的。《大学》"有德此有人"句下三句中"此"字也应该如此解释。

⑤ 有人:得众,得民众。

⑥ 有土:得国,有国。

⑦ 有用:有国用,有了管理国家的费用。

有民众拥护,有民众拥护才能保有国土,有国土才会有财货,有财货才能有国用。

10.7 德者本也,财者末也,外本内末,争民施夺①。

【解读】

德是根本,财是枝末,轻视根本而重视枝末,就会和老百姓争夺财富,民众不以相互掠夺财物为耻。

10.8 是故财聚则民散,财散则民聚。

【解读】

所以,君王聚敛财货,民心就会失散;君王散财于民,民心就会聚集。

10.9 是故言悖而出者,亦悖而入②;货悖而入者,亦

---

① 外本内末,争民施夺:这里的"本"承上文指"德","末"指"财"。上文说:"德者本也,财者末也。"郑玄注:"施夺,施其劫夺之情也。"孔颖达疏:"外,疏也;内,亲也;施夺,谓施其劫夺之情也。君若亲财而疏德,则争利之人皆施劫夺之情也。"朱熹《大学章句》:"人君以德为外,以财为内,则是争斗其民,而施之以劫夺之教也。盖财者人之所同欲,不能絜矩而欲专之,则民亦起而争夺矣。"宋代卫湜引雪川倪氏曰:"前之'本末'以明德修身为本,其余为末。本末之大者也,今论德之与财,亦以本末言本末之次者也,争民者之争民之利也。上既与民争,下必效之,不夺不厌矣。施言用之广也,用争夺之术广施之,而无限节也。"(卫湜:《礼记集说》卷一百五十三,《钦定四库全书·经部114》,上海古籍出版社1987年版,第653页)

② 言悖(bèi)而出者,亦悖而入:悖,逆,违背正理。郑玄注:"悖,犹逆也。言君有逆命,则民有逆辞也。"孔颖达疏:"悖,逆也。若人君政教之言悖逆人心而出行者,则民悖逆君上而入以报答也,谓拒违君命也。"朱熹《大学章句》:"悖,逆也。此以言之出入,明货之出入也。"

39

悖而出。

【解读】

所以言论违背正理说出去,也会有违背正理方式回报;以违背正理的方式得到财货,也会因违背正理失去。

10.10 《康诰》曰:"惟命不于常①!"道善则得之,不善则失之矣。

【解读】

《书·周书·康诰》说:"天命不会恒久不变。"实行善政便会得到天命,不实行善政便会失去天命。

10.11 《楚书》②曰:"楚国无以为宝,惟善以为宝③。"

【解读】

《楚书》说:"楚国没有什么是宝,唯独把善当作唯一的宝。"

---

① 惟命不于常:引自《尚书·周书·康诰》。维,发语词。命,天命。郑玄注:"于,於也,天命不于常,言不专祐一家也。"孔颖达疏:"谓天之命,不於是常住在一家也。"
② 《楚书》:指楚语。郑玄注:"《楚书》,楚昭王时书也。"朱熹《大学章句》:"楚书,楚语。"此两说都没有确凿的证据。《楚语》今存,其中并没有《大学》所引的"楚国无以为宝,惟善以为宝"这两句原话或文字相差不多的话。而孔颖达疏引《楚语》、《新序》、《战国义》、《史记》诸书为证,但都没有《大学》援引的原话,但可以看作概括《楚语》的表述。
③ 惟善以为宝:唯独把善行当做宝。宋代卫湜引严陵方氏曰:"惟善以为宝者,君也。仁亲以为宝者,子也。君能宝善则足以为贵于一国,子能宝亲则足以为贵于一家。虽其大小不同,所以为宝则一而已。"(卫湜:《礼记集说》卷一百五十三,《钦定四库全书·经部114》,上海古籍出版社1987年版,第653页)

10.12　舅犯①曰:"亡人②无以为宝,仁亲以为宝。"

【解读】

舅犯说:"流亡在外的人没有什么是宝,只是把行仁义亲近民众当作宝。"

10.13　《秦誓》③曰:"若有一个④臣,断断兮⑤无他技⑥,其心休休⑦焉,其如有容焉。人之有技,若己有之,人之彦圣⑧,其心好之,不啻⑨若自其口出,寔⑩能容之。以能保我子孙黎民⑪,

---

① 舅犯:晋文公重耳的舅舅狐偃,字子犯,春秋晋国人。郑玄注、孔颖达疏与朱熹集注提法相同。朱熹《大学章句》:"舅犯,晋文公舅狐偃,字子犯。"
② 亡人:逃亡在外的人,此处特指晋文公。重耳为公子时,因父亲晋献公宠爱骊姬,太子申生被杀,重耳则逃亡国外,故舅犯称之为亡人。
③ 《秦誓》:指《尚书·周书·秦誓》篇名。孔颖达疏:"秦穆公伐郑,为晋败於殽,还归誓群臣而作此篇,是秦穆公悔过自誓之辞。"
④ 个:按阮校:"惠栋校宋本、宋监本并作'个',石经、岳本同,此本'介'作'个',嘉靖本、闽本、监本、毛本同,卫湜《礼记集说》同。《释文》出'若有一个',云'一读作介'。《石经考文提要》云:宋大字本作'一介'。案正义说'一介为一耿介',则当以作'介'者为是。《释文》作'个',与正义本异。"据此《礼记正义》为"介"。
⑤ 断断兮:真诚专一。郑玄注:"断断,诚一之貌也。"朱熹《大学章句》:"断断,诚一之貌。"兮,语气助词,无义。在《书》为猗(yī)。
⑥ 他技:特别的才华。郑玄注:"异端之技"。
⑦ 休休:乐善宽大的样子。郑玄注:"休休,《尚书传》曰:'乐善也'。郑注《尚书》云:'宽容貌'。何休注《公羊》云:'美大之貌'。"《尚书》孔颖达疏引王肃解释为"好善之貌"。
⑧ 彦圣:有美德有才能的人。孔颖达疏:"见人之美善通圣者,其心爱好之。"朱熹《大学章句》:"彦,美士也。圣,通明也。"《书·秦誓》:"人之彦圣,其心好之。"
⑨ 不啻(chì):不仅,不止,相当于,如同。
⑩ 寔:一作"实",或作"是",阮元等《校勘记》以为当作"寔"。王引之《经传释词》卷九认为当以"寔"为正字,"实"为借字,"寔"与"是"同义。
⑪ 黎民:黎,众也。黎民,众民。

41

尚①亦有利哉。人之有技,媢疾②以恶之。人之彦圣,而违③之俾④不通,寔不能容。以不能保我子孙黎民,亦曰殆⑤哉!"

【解读】

《书·周书·秦誓》说:"如果有这样一位耿介大臣,为人真诚专一,虽然没有什么特别的本领,但他心胸宽广,乐于为善,有容人的气量。别人有才华,就如同他自己有才华一样;看到别人有美德有才能,他内心非常喜欢,不只是在口头上表示,而是打心眼里赞赏。重用这种人,可以保护我们的子孙和百姓,可以为天下百姓造福!相反,如果看到别人有本领,他就妒忌、厌恶;别人德才兼备,他便想方设法压制、排挤,使他的德才不能施展出来,这种人心胸狭隘。重用这种人,不仅不能保护我们的子孙和百姓,而且对国家社稷有危害!"

10.14 唯仁人放流⑥之,迸诸四夷⑦,不与同中国⑧。此谓唯仁人为能爱人,能恶人。

---

① 尚:庶几,也许可以,差不多。王引之《经义述闻》引其父王念孙的说法,认为"尚"是"主"的意思。郑玄注、孔颖达疏和朱熹集注都认为是"庶几",《尔雅·释言》"庶几,尚也。"是"尚"为"庶几",今从。
② 媢(mào)疾:嫉妒。郑玄注:"媢,妒也。"孔颖达疏:"媢,妒也。见人有技艺,则掩藏媢妒,疾以憎恶之也。"朱熹《集注》:"媢,忌也。"《说文》云"媢"为"夫妒服也"。《释文》"谓覆蔽也",理解为压制遮盖的意思,符合"媢"的本意。
③ 违:刁难,压制。郑玄注:"犹戾也。"朱熹《大学章句》:"违,拂戾也。"
④ 俾(bǐ):使。郑玄注:"使也。"孔颖达疏:"俾,使也,使其善功不通达于君。"
⑤ 殆:危险。郑玄注:"危也。"孔颖达疏:"若此蔽贤之人,是不能容纳,家国将亡,不能保我子孙。非唯如此,众人亦曰殆危哉。"朱熹《大学章句》:"殆,危也。"
⑥ 放流:流放,驱逐。
⑦ 迸(bǐng)诸四夷:迸,摒弃,斥逐。四夷统指处于边疆一带文化落后的民族,即东夷、西戎、南蛮和北狄。
⑧ 中国:古代称华夏各民族居住之地为中国,主要居住地为黄河中下游地区的中原。与"四夷"相对而言。

【解读】

只有具有仁德的君王,才会把这种心胸狭隘的人流放,将他们驱逐到边远的四夷之地去,不让他们同住在中原。因此,有仁德的人懂得爱护好人,能够憎恨恶人。

10.15　见贤而不能举①,举而不能先②,命也③;见不善而不能退,退而不能远,过也。

【解读】

发现贤才而不能选拔,选拔了而不能尽快重用,这是轻慢;发现恶人而不能尽快罢免,罢免了而不能把他驱逐得远远的,这是过错。

10.16　好人之所恶,恶人之所好,是谓拂④人之性,菑必逮夫身⑤。

---

①　举:举荐。
②　先:俞樾认为"先"是"近"的误认。在《古书疑义举例》中说:"'见贤而不能举,举而不能近',与'见不善而不能退,退而不能远'相对成文。因'近'字从古文作'岸',学者不识,疑篆文'先'字之误,遂改为'先'字,与下句不一律矣。"(俞樾等:《古书疑义举例五种·古书疑义举例卷七·不识古字而误改例》,中华书局1983年版,第132页)程颐认为:"先,犹早也。"(卫湜:《礼记集说》卷一百五十三,《钦定四库全书·经部114》,上海古籍出版社1987年版,第657页)今从程颐之说。
③　命:轻慢、怠慢。郑玄注:"命,读为'慢',声之误也。举贤而不能使君以先己,是轻慢于举人也。"程颐认为:"命当作'怠'字之误也。"(卫湜:《礼记集说》卷一百五十三,《钦定四库全书·经部114》,上海古籍出版社1987年版,第657页)朱熹《大学章句》:"命,郑氏云'当作慢'。程子云:'当作怠'。未详孰是。"权衡诸说,郑玄之说为是。
④　拂(fú):逆也,违背。
⑤　菑(zāi)必逮夫身:"菑"古"灾"字。逮,及、到。

【解读】

喜欢众人所厌恶的,厌恶众人所喜欢的,这是违背人的本性,灾难必定要降落到他身上。

10.17 是故君子有大道①,必忠信②以得之,骄泰③以失之。

【解读】

所以,君子恪守正道,遵循忠诚信义,便会获得一切;骄奢放纵,便会失去一切。

10.18 生财有大道④,生之者众⑤,食之者寡⑥,为之者疾⑦,用之者舒⑧,则财恒足⑨矣。

---

① 大道:孔颖达疏:"谓孝悌仁义之道,此言人君生殖其财,有大道之理,则下之所云者是也。"朱熹《集注》:"道,谓居其位而修己治人之术。"
② 忠信:朱熹《大学章句》:"发己自尽为忠,循物无违谓信。"
③ 骄泰:骄横放纵。朱熹《大学章句》:"骄者矜高,泰者侈肆。"
④ 生财有大道:生产财富有重要的原则。宋卫湜引横渠张氏曰:"知用财而不知养财,天下所以穷。知养财而不知用财,天下所以不治。仁者能散以显己之仁,不仁者能聚以显己之富。"引蓝田吕氏曰:"国无游民,则生之者众矣;朝无幸位,则是食之者寡矣;不违农时,则为之者疾矣;量入为出,则用之者舒矣;此生财之道也。"(卫湜:《礼记集说》卷一百五十三,《钦定四库全书·经部114》,上海古籍出版社1987年版,第661页)
⑤ 生之者众:生产者众多。"生之者"指生产者,劳动者。孔颖达疏:"谓为农桑多也。"朱熹《大学章句》:"吕氏曰:'国无游民,则生者众矣。'"
⑥ 食之者寡:享受劳动成果者少。"食之者"指享受劳动成果者,消费的人。孔颖达疏:"谓减省无用之费也。"朱熹《大学章句》:"朝无幸位,则食者寡矣。"
⑦ 为之者疾:从事生产的人及时致力于农耕。"为之者"指从事生产的人,干活的人。疾,快,迅速。孔颖达疏:"谓百姓急营农桑事业也。"朱熹《大学章句》:"不夺农时,则为之疾矣。"
⑧ 用之者舒:消费财物的人节俭。舒,舒缓,缓慢,引申为节俭。孔颖达疏:"谓君上缓于营造费用也。"朱熹《大学章句》:"量入为出,则用之舒矣。"
⑨ 则财恒足:国家的财富便会常常充裕。恒,常常,恒常,永久。孔颖达疏:"言人君能如此,则国用恒足。"

【解读】

使天下财物富足有重要的原则：从事生产的人众多，消费财物的人少；从事生产的人勤奋，消费财物的人节俭。这样，国家的财富就会永远充足。

10.19　仁者以财发身①，不仁者以身发财。

【解读】

有仁德的人用散财来提高自己的道德威望而得民，不仁的人不惜以生命为代价去聚敛财物。

10.20　未有上好仁而下不好义者也，未有好义其事不终者也，未有府库②财非其财者也。

【解读】

从来没有在上位的君王喜爱仁德，而在下位的臣民不喜爱道义的；从来没有臣民喜爱道义，而国事却半途而废的；从来没有听说爱好道义的民众，不把国家府库的财物当作自己的财物加以爱惜的。

---

① 仁者以财发身：仁德的人利用财富来提高自己的道德威望。发，发达，引发。引申为提高。郑玄注："发，起也。言仁人有财，则务于施与，以起身成其令名。"朱熹《大学章句》："发，犹起也。仁者散财以得民。"宋卫湜引范阳张氏曰："《大学》，平天下之道也。其末皆论财利之说，何也？盖有德此有人，有人此有土，有土此有财，有财此有用，不讲所以用材之说，非失于侈汰，必堕于聚敛，故《大学》细极其理而以谓平天下者更当知所以用财之道也。"（卫湜：《礼记集说》卷一百五十三，《钦定四库全书·经部114》，上海古籍出版社1987年版，第663页）

② 府库：古代国家收藏财物或文书的地方。

10.21　孟献子①曰:"畜马乘②不察③于鸡豚,伐冰之家④不畜牛羊,百乘之家⑤不畜聚敛之臣⑥。与其有聚敛之臣,宁有盗臣。"此谓国不以利为利,以义为利也。

【解读】

鲁国大夫孟献子说:"具备马匹车辆的士大夫之家,就不要计较养鸡养猪的小利;祭祀能够用冰的卿大夫之家,就不必畜养牛羊牟利;拥有百辆兵车的诸侯之家,就不要豢养聚敛百姓财物的家臣。与其有搜刮百姓财物的家臣,还不如有盗窃自家财物的家臣。"这意思是说,一个国家不应该以追求财货为最高利益,而应该以仁义道德为一个国家的最高目标。

10.22　长国家⑦而务财用者,必自⑧小人矣。彼为善之⑨,小人之使为国家,菑害并至。虽有善者,亦无如之何⑩

---

① 孟献子:鲁国大夫,姓仲孙名蔑。"献"是谥号。郑玄注:"孟献子,鲁大夫仲孙蔑也。"
② 畜马乘:畜,养。乘,指用四匹马拉的车。畜马乘是士人初作大夫官的待遇。郑玄注:"谓以士初试为大夫也。"朱熹《大学章句》:"士初试为大夫者也。"
③ 察:关注,引申为计较。
④ 伐冰之家:指丧祭时能用冰保存遗体的贵族,属于卿大夫以上贵族的待遇。郑玄注:"卿大夫以上,丧祭用冰。"朱熹《大学章句》:"卿大夫以上,丧祭用冰者也。"
⑤ 百乘之家:拥有一百辆车的人家,指有封地的诸侯之家。郑玄注:"有采地者也。"朱熹《大学章句》:"有采地者也。"
⑥ 聚敛之臣:搜刮钱财的家臣。聚,聚集。敛,征收。
⑦ 长(zhǎng)国家:成为国家之长,指君主。
⑧ 自:由于。《大学章句》:"自,由也,言由小人导之也。"
⑨ 彼为善之:朱熹《大学章句》认为:"'彼为善之',此句上下,疑有阙文误字。"按:朱子的质疑有道理。孔颖达疏:"彼,谓君也。君欲为仁义之道,善其政教之语辞,故云'彼为善之'"。
⑩ 无如之何:没有办法。

矣！此谓国不以利为利，以义为利也。

【解读】

　　身为一国之君，却一心痴迷于聚敛百姓财物，这必然是由于小人诱导所为。但是，国君还以为这些小人是好人，让小人处理国家事务，那么天灾人祸必将一齐降临。这时虽有贤能的人，却也没有办法挽救了。所以，一个国家不应该片面以追求财货为最终目标，而应该以实现仁义理想为崇高目标。

附录一 《大学章句》序

大学之书,古之大学所以教人之法也。盖自天降生民,则既莫不与之以仁义礼智之性矣。然其气质之禀或不能齐,是以不能皆有以知其性之所有而全之也。一有聪明睿智能尽其性者出于其间,则天必命之以为亿兆之君师,使之治而教之,以复其性。此伏羲、神农、黄帝、尧、舜,所以继天立极,而司徒之职、典乐之官所由设也。

三代之隆,其法寖备,然后王宫、国都以及闾巷,莫不有学。人生八岁,则自王公以下,至于庶人之子弟,皆入小学,而教之以洒扫、应对、进退之节,礼乐、射御、书数之文;及其十有五年,则自天子之元子、众子,以至公、卿、大夫、元士之适子,与凡民之俊秀,皆入大学,而教之以穷理、正心、修己、治人之道。此又学校之教、大小之节所以分也。

夫以学校之设,其广如此,教之之术,其次第节目之详又如此,而其所以为教,则又皆本之人君躬行心得之余,不待求之民生日用彝伦之外,是以当世之人无不学。其学焉者,无不有以知其性分之所固有,职分之所当为,而各俛焉以尽其力。此古昔盛时所以治隆于上,俗美于下,而非后世之所能及也!

及周之衰,贤圣之君不作,学校之政不修,教化陵夷,风俗颓败,时则有若孔子之圣,而不得君师之位以行其政教,于是独取先王之法，诵而传之以诏后世。若曲礼、少仪、内则、弟子职诸篇，固小学之支流余裔，而此篇者，则因小学之成功，以著大学之明法，外有以极其规模之大，而内有以尽其节目之详者也。三千之徒，盖莫不闻其说，而曾氏之传独得其宗，于是作为传义，以发其意。及孟子没而其传泯焉，则其书虽存，而知者鲜矣！自是以来，俗儒记诵词章之习，其功倍于小学而无用；异端虚无寂灭之教，其高过于大学而无实。其他权谋术数，一切以就功名之说，与夫百家众技之流，所以惑世诬民、充塞仁义者，又纷然杂出乎其间。使其君子不幸而不得闻大道之要，其小人不幸而不得蒙至治之泽，晦盲否塞，反覆沉痼，以及五季之衰，而坏乱极矣！

天运循环，无往不复。宋德隆盛，治教休明。于是河南程氏两夫子出，而有以接乎孟氏之传。实始尊信此篇而表章之，既又为之次其简编，发其归趣，然后古者大学教人之法、圣经贤传之指，粲然复明于世。虽以熹之不敏，亦幸私淑而与有闻焉。顾其为书犹颇放失，是以忘其固陋，采而辑之，间亦窃附己意，补其阙略，以俟后之君子。极知僭逾，无所逃罪，然于国家化民成俗之意、学者修己治人之方，则未必无小补云。

淳熙己酉二月甲子，新安朱熹序

附录二　原本(古本)《大学》原文

大学之道,在明明德,在亲民,在止于至善。知止而后有定,定而后能静,静而后能安,安而后能虑,虑而后能得。物有本末,事有终始,知所先后,则近道矣。

古之欲明明德于天下者,先治其国;欲治其国者,先齐其家;欲齐其家者,先修其身;欲修其身者,先正其心;欲正其心者,先诚其意;欲诚其意者,先致其知;致知在格物。

物格而后知至,知至而后意诚,意诚而后心正,心正而后身修,身修而后家齐,家齐而后国治,国治而后天下平。自天子以至于庶人壹是皆以修身为本。其本乱,而末治者否矣。其所厚者薄,而其所薄者厚,未之有也。此谓之本,此谓知之至也。

所谓诚其意者,毋自欺也。如恶恶臭,如好好色,此之谓自谦。故君子必慎其独也。小人闲居为不善,无所不至。见君子而后厌然,揜其不善,而著其善。人之视己,如见其肺肝然,则何益矣?此谓诚于中,形于外。故君子必慎其独也。

曾子曰:"十目所视,十手所指,其严乎!"富润屋,德润身,心广体胖,故君子必诚其意。

《诗》云:"瞻彼淇澳,菉竹猗猗。有斐君子,如切如磋,如琢如磨。瑟兮僩兮!赫兮喧兮!有斐君子,终不可諠兮。""如切如磋"者,道学也。"如琢如磨"者,自修也。"瑟兮僩兮"者,恂慄也。"赫兮喧兮"者,威仪也。"有斐君子,终不可諠兮"者,道盛德至善,民之不能忘也。

《诗》云:"於戏!前王不忘。"君子贤其贤而亲其亲,小人乐其乐而利其利。此以没世不忘也。

《康诰》曰:"克明德。"《大甲》曰:"顾諟天之明命。"《帝典》曰:"克明峻德。"皆自明也。

汤之《盘铭》曰:"苟日新,日日新,又日新。"《康诰》曰:"作新民。"《诗》云:"周虽旧邦,其命惟新。"是故君子无所不用其极。

《诗》云:"邦畿千里,惟民所止。"《诗》云:"缗蛮黄鸟,止于丘隅。"子曰:"於止,知其所止,可以人而不如鸟乎?"《诗》云:"穆穆文王,於缉熙敬止!"为人君,止于仁。为人臣,止于敬。为人子,止于孝。为人父,止于慈。与国人交,止于信。

子曰:"听讼,吾犹人也。必也使无讼乎!"无情者,不得尽其辞。大畏民志,此谓知本。

所谓修身在正其心者:身有所忿懥,则不得其正;有所恐惧,则不得其正;有所好乐,则不得其正;有所忧患,则不得其正;心不在焉,视而不见,听而不闻,食而不知其味。此为修身在正其心。

所谓齐其家在修其身者:人之其所亲爱而辟焉,之其所贱恶而辟焉,之其所畏敬而辟焉,之其所哀矜而辟焉,之其所敖惰而辟焉。故好而知其恶,恶而知其美者,天下鲜矣。故谚有之曰:"人莫知其子之恶。莫知其苗之硕。"此谓身不修,不可以齐其家。

所谓治国必齐其家者,其家不可教而能教人者,无之。故君子不出家,而成教于国。孝者,所以事君也。弟者,所以事长也。慈者,所以使众也。《康诰》曰:"如保赤子。"心诚求之,虽不中,不远矣。未有学养子而后嫁者也。一家仁,一国兴仁;一家让,一国兴让;一人贪戾,一国作乱;其机如此。此谓一言偾事,一人定国。

尧舜率天下以仁,而民从之。桀纣率天下以暴,而民从之。其所令反其所好,而民不从。是故君子有诸己,而后求诸人。无诸己而后非诸人。所藏乎身不恕,而能喻诸人者,未之有也。故治国在齐其家。

《诗》云:"桃之夭夭,其叶蓁蓁。之子于归,宜其家人。"宜其家人,而后可以教国人。《诗》云:"宜兄宜弟。"宜兄宜弟,而后可以教国人。《诗》云:"其仪不忒,正是四国。"其为父子兄弟足法,而后民法之也。此谓治国在齐其家。

所谓平天下在治其国者,上老老而民兴孝;上长长而民兴弟;上恤孤而民不倍。是以君子有絜矩之道也。

所恶于上,毋以使下;所恶于下,毋以事上;所恶于前,毋以先后;所恶于后,毋以从前;所恶于右,毋以交于左;所恶于左,毋以交于右;此之谓"絜矩之道"。

《诗》云:"乐只君子,民之父母。"民之所好好之,民之所恶恶之,此之谓"民之父母"。

《诗》云:"节彼南山,维石岩岩。赫赫师尹,民具尔瞻。"有国者不可以不慎;辟则天下僇矣。《诗》云:"殷之未丧师,克配天地。仪监于殷,峻命不易。"道得众则得国,失众则失国。是故君子先慎乎德;有德此有人,有人此有土,有土此有财,有财此有用。德者本也；财者末也。外本内末，争民施夺。是故财聚则民散，财散则民聚。是故言悖而出者，亦悖而入；货悖而入者，亦悖而出。《康诰》曰："惟命不于常。"道善则得之，不善则失之矣。

《楚书》曰："楚国无以为宝，惟善以为宝。"舅犯曰："亡人无以为宝，仁亲以为宝。"

《秦誓》曰："若有一个臣，断断兮无他技，其心休休焉，其如有容焉；人之有技，若己有之；人之彦圣，其心好之，不啻若自其口出；寔能容之，以能保我子孙黎民，尚亦有利哉！人之有技，媢嫉以恶之；人之彦圣，而违之俾不通；寔不能容，以不能保我子孙黎民，亦曰殆哉！"

唯仁人放流之，迸诸四夷，不与同中国。此谓唯仁人，为能爱人，能恶人。见贤而不能举，举而不能先，命也；见不善而不能退，退而不能远，过也。好人之所恶，恶人之所好，是谓拂人之性，菑必逮夫身。是故君子有大道，必忠信以得之，骄泰以失之。

生财有大道，生之者众，食之者寡，为之者疾，用之者舒，则财恒足矣。仁者以财发身，不仁者以身发财。未有上好仁而下不好义者也；未有好义其事不终者也；未有府库财非其财者也；孟献子曰："畜马乘，不察于鸡豚；伐冰之家，不畜牛羊；百乘之家，不畜聚敛之臣，与其有聚敛之臣，宁有盗臣。"此谓国不以利为利，以义为利也。长国家而务财用者，必自小人矣。彼为善之，小人之使为国家，菑害并至，虽有善者，亦无如之何矣？此谓国不以利为利，以义为利也。

中 庸 解 诂

曾振宇　丁　联　校注

例　　言

一、本书以宋代朱熹《中庸章句》（中华书局，《四书章句集注》2012年）为底本，对《中庸》进行校勘和译注。

二、本书校勘所用主要版本为：

1.《礼记正义》六十三卷，（汉）郑玄注，（唐）孔颖达疏，1980年中华书局影印清阮元校刻《十三经注疏附校勘记》。

2.《礼记集说》一百六十卷，（宋）卫湜撰，清文渊阁四库全书本。

3.《蒙斋中庸讲义》四卷，（宋）袁甫撰，清文渊阁四库全书本。

4.《大学中庸集说启蒙》二卷，（元）景星撰，清文渊阁四库全书本。

5.《四书大全》三十六卷，（明）胡广撰，清文渊阁四库全书本。

6.《中庸困学录》一卷，（清）王澍撰，清乾隆二年刻积书严六种书本。

7.《中庸注》（刻本影印）康有为著，商务印书馆，1966年11月版。

三、《中庸》的注本较多：第一部分是《礼记》的历代注解；第二部分是《四书》宋以后的注解。材料主要出自《四库全书》

和《续修四库全书》。对原文的校勘与注释，会反复斟酌，择善而从。凡对宋代朱熹《中庸章句》本有所改易者，尽量在注释中一一说明。

四、宋代朱熹《中庸章句》是宋学代表性成果，校勘、训诂较为精审，影响深远。为兼顾社会各阶层人士阅读之需要，本书的注释侧重于难解字词、历史人物与事件、典章制度、历史地名等等内容，对个别难读之句子加以窜讲。

五、注释力求深入浅出、通俗易懂，凡训诂等方面涉及各家意见分歧之处，或择善而从，或出于己识。

六、原文通假字一般不改；对生僻字词，加注汉语拼音。

七、本编《中庸》原文之断句、标点，与前人亦有异同，不仍旧贯。

第一章

1.1 天命①之谓性②,率③性之谓道④,修⑤道之谓教⑥。

———————

① 天命:天地自然所赋予人的自然禀赋。天命与至上人格神意志无涉。郑玄注:"天命,谓天所命生人者也,是谓性命。"孔颖达疏:"天本无体,亦无言语之命,但人感自然而生,有贤愚吉凶,若天之付命遣使之然,故云'天命'"。程颢认为:"言天之自然者,谓之天道。言天之付与万物者,谓之天命。"(程颢、程颐:《二程集·程氏遗书》卷第十一,中华书局2011年版,第125页)朱熹《中庸章句》:"命,犹令也,……天以阴阳五行化生万物,气以成形,而理亦赋焉,犹命令也。"朱熹在《中庸或问》中进一步说:"盖天之所以赋与万物而不能自己者,命也。"(朱杰人、严佐之、刘永翔主编:《朱子全书》(第六册),上海古籍出版社、安徽教育出版社2002年版,第550页)宋代陈淳认为:"命,犹令也,如尊命、台命之类。天无言做,如何命? 只是大化流行,气到这物便生这物,气到那物又生那物,便是分付命令他一般。"(陈淳:《北溪字义》,中华书局2011年版,第1页)明代赵南星《中庸正说》(上)说:"夫造化曰天,天之所以赋与万物而不能自己者,命也。"(《文渊阁钦定四库全书·经部201》,上海古籍出版社1987年版,第379页)清代李光地《中庸余论》说:"命者,赋于生初之目也,而亦申于有生之后之称也。盖凡诗书之中圣贤所训言命云者,此两端而已。"(《文渊阁钦定四库全书·经部204》,上海古籍出版社1987年版,第33页)熊十力《原儒》说:"命者,流行义。此理流行不息,德用无穷,是为吾人与天地万物共有之本体。"(刘梦溪:《中国现代学术经典·熊十力卷》,河北教育出版社1996年版,第131页)金景芳先生认为:"天命,天是天地自然,命是生成万物以及人类。"(金景芳:《金景芳儒学论集》,四川大学出版社2010年版,第447页)

② 性:人一生下来自然而然具有的本性。郑玄注中引《孝经说》:"性者,生之质命,人所禀受度也。"《荀子·正名》说:"生之所以然者谓之性。"王充《论衡·初禀篇》中说:"性,生而然者也。"孔颖达疏:"老子云:'道本无名,强名之曰道。'但人自然感生,有刚柔好恶,或仁、或义、或礼、或知、或信,是天性自然,故云'之谓性'。"程颐认为:"天降是于下,万物流形,各正性命者,是所谓性也。"(程颢、程颐:《二程集·程氏遗书》卷二上,中华书局2011年版,第30页)朱熹《中庸章句》:"性,即理也。天以阴阳五行化生万物,气以成形,而理亦赋焉,犹命令也。于是人物之生,因各得其所赋之理,以为健顺五常之德,所谓性也。"《中庸或问》中朱熹进一步说:"吾之得乎是命以生而莫非全体者,性也。"(朱杰人、严佐之、刘永翔主编:《朱子全书》(第六册)上海古籍出版社、安徽教育出版社2002年版,第550页)北宋司马光认为:"性者,物之所禀于天以生者也。"(卫湜:《礼记集说》一百二十三卷,《钦定四库全书·经部114》,上海古籍出版社1987年版,第16页)宋陈淳认为:"性即理也。何以不谓之理而谓之性? 盖理是泛言天地间人物公共之理,性是(转下页)

(接上页)在我之理。只这道理受于天而为我所有,故谓之性。性字从生从心,是人生来具是理于心,方名之曰性。其大目只是仁义礼智四者而已。"(陈淳:《北溪字义》,中华书局2011年版,第6页)熊十力《原儒》说:"性者,约理之为一本而言。吾人得此理以生,故此理在人,即谓之性。"(刘梦溪:《中国现代学术经典·熊十力卷》,河北教育出版社1996年版,第131页)《说文》释"性"曰:"人之阳气,性善者也。"段玉裁注曰:"《论语》曰'性相近',《孟子》曰'人性之善也,犹水之就下也'。董仲舒曰'性者,生之质也'。质朴之谓性。"(段玉裁:《说文解字注》,上海古籍出版社1980年版,第895页)金景芳先生认为:"万物及人类由天地合德而自然生成;其行其质皆自然所赋予。此自然所赋予之行与质,便是性。……天(即乾道与坤道)生成万物,万物从天那里获得一定的形体,一定的性质,便是性。"(金景芳:《金景芳儒学论集》,四川大学出版社2010年版,第447页)

③ 率:遵循、因循。郑玄注:"率,循也。"与宋代程颢和朱熹注释相同。但是,金景芳先生认为:"率字宜训先导、率领,训循是不对的。是谁率性? 是天率性。率什么性? 率人的自然属性。"(金景芳:《金景芳儒学论集》,四川大学出版社2010年版,第448页)

④ 道:人与万物各自所遵循的自然规律。郑玄注:"循性行之,是谓道。"孔颖达疏:"道者,通物之名。言依循性之所感而行,不令违越,是之曰'道'。"《管子·内业》说:"凡道,无根无茎,无叶无荣。万物以生,万物以成。命之曰道。"(《诸子集成》,《管子校正》,中华书局2006年版,第269页)《管子·心术上》又说:"道也者,动不见其形,施不见其德,万物皆以得,然莫知其极。故曰:可以安而不可说也。"(《诸子集成》,《管子校正》,中华书局2006年版,第221页)《庄子·列御寇》说:"且道者,万物之所由也。庶物失之者死,得之者生;为事逆之则败,顺之则成,故道之所在,圣人尊之。"(《诸子集成》,《庄子集释》,中华书局2006年版,第448页)朱熹《中庸章句》:"道,犹路也。人物各循其性之自然,则其日用事物之间,莫不各有当行之路,是则所谓道也。""循其所得乎天以生者,则事事物物,莫不自然,各有当行之路,是则所谓道也。"(朱杰人、严佐之、刘永翔主编:《朱子全书》(第六册),上海古籍出版社;安徽教育出版社2002年版,第550—551页)陈淳认为:"道,犹路也。当初命此字是从路上起意。人所通行方谓之路,一人独行不得谓之路。道之大纲,只是日用间人伦事物所当行之理。众人所共由底方谓之道。大概须是就日用人事上说,方见得人所通行底意亲切。"(陈淳:《北溪字义》,中华书局2011年版,第38页)明代赵南星《中庸正说上》说:"道者,由天而来者也。天不息道亦不息,自一物以至千万物,而无物不有也。天无间道亦无间日一息,以至千万世而无时不然也。须臾不可得而离也,如其可离则不出于天不跟于性者也。夫岂道之谓哉? 道本不离于人则人之不可离道也。"(《文渊阁钦定四库全书·经部201》,上海古籍出版社1987年版,第380页)柳诒徵说:"什么叫做道呢,就是从历史上看出人类常走的路,因此悟出这个道来。他们所说的道并非神秘,乃是人生规律。"(胡道静:《国学大师论国学》(上),上海东方出版社1998年版,第375页)

⑤ 修:修治,有体察、认识、效法、推衍等义。郑玄注:"修,治也。"朱熹《中庸章句》:"修,品节之也。"

⑥ 教:教化、政教。郑玄注:"治而广之,人放效之,是曰'教'"。朱熹《中庸章句》:"圣人因人物之所当行者而品节之,以为法于天下,则谓之教,若礼、乐、刑、政之属是也。"

【解读】

天所赋予人的自然禀赋叫做性,因循天性而行叫做道,按照道的原则修养叫做人文教化。

1.2　道①也者,不可须臾②离也,可离非道也。是故君子戒慎乎其所不睹,恐惧乎其所不闻。

【解读】

道是片刻也离不了的,如果可以离开,那就不是道了。所以君子崇尚慎独,在没有人看见的地方也要警戒谨慎,在没有人听到的地方也要有所戒慎畏惧。

1.3　莫见乎隐③,莫显乎微④,故君子慎其独⑤也。

---

①　道:指人生、事物日常运行的规律。郑玄注:"道,犹道路也,出入动作由之,离之恶乎从也?"朱熹《中庸章句》:"道者,日用事物当行之理,皆性之德而具于心,无物不有,无时不然,所以不可须臾离也。若其可离,则为外物而非道矣。"
②　须臾(yú):一会儿,片刻。
③　莫见(xiàn)乎隐:莫,没、不;见同"现",显现、明显;隐,隐蔽、暗处。朱熹《中庸章句》:"隐,暗处也。"
④　微:小事,细微。一般人不易察觉的事情。朱熹《中庸章句》:"微,细事也。"
⑤　慎其独:即慎独,戒慎于他人所不知而自己独知之地,让内在于人性之中的"诚"时时刻刻彰显。郑玄注:"慎独者,慎其闲居之所为。"孔颖达疏:"凡在众人之中,犹知所畏,及至幽隐之处,谓人不见,便即恣情,人皆占听,察见罪状,甚于众人之中,所以恒须慎惧如此。慎其独居。……虽曰独居,能谨慎守道也。"朱熹《中庸章句》:"独者,人所不知而己所独知之地也。言幽暗之中,细微之事,迹虽未形而几则已动,人虽不知而己独知之,则是天下之事无有着见明显而过于此者。是以君子既常戒惧,而于此尤加谨焉,所以遏人欲于将萌,而不使其滋长于隐微之中,以至离道之远也。"王夫之则认为:"触物而动即为意自初起念,直至为善为恶之成,皆人所共知,亦是意为之独者。意之初几,乃是诚意及早下手工夫,不待著见而始慎,诚意之功在慎独,不可以慎字当诚字,独字当意字。"(王夫之:《船山全书》(第六册),岳麓书社2011年版,第117页)汉末徐幹在《中论·法象》中说:"人性之所简也,存乎幽微;人情之所忽也,存乎孤独。夫幽微者,显之原也;(转下页)

61

【解读】

没有不在隐暗的地方更容易显现的,没有不在细微处更容易显露的,所以君子要特别谨慎于个人独处的时候。

1.4 喜怒哀乐之未发①,谓之中②;发而皆中节③,谓之

(接上页)孤独者,见之端也。胡可简也?胡可忽也?是故君子敬孤独而慎幽微,虽在隐蔽,鬼神不得见其隙也。"程颢说:"洒扫应对便是形而上者,理无大小故也。故君子只在慎独。"(程颢、程颐:《二程集·程氏遗书》卷第十四,中华书局2011年版,第139页)又说:"纯亦不已,此乃天德也。有天德便可语王道,其要只在慎独。"(程颢、程颐:《二程集·程氏遗书》卷第十四,中华书局2011年版,第141页)王栋提出:"诚意工夫在慎独,独即意之别名,慎即诚之用力者耳。意是心之主宰,以其寂然不动之处,单单有个不虑而知之灵体,自作主张,自裁生化,故举而名之曰独。"(黄宗羲:《明儒学案卷三十二·泰州学案一·教谕王一菴先生栋》,中华书局1986年版,第734页)郭店楚墓竹简《五行》篇中提到了"慎独",其曰:"'淑人君子,其义一也'。能为一,然后能为君子,[君子]慎其独也。'[瞻望弗及],泣涕如雨'。能'差池其羽',然后能至哀,君子慎其[独也]。"(李零:《郭店楚简校读记》,北京大学出版社2002年版,第79页)丁四新则认为:"简帛书所谓'慎独'谓慎心,'独'指心君,与耳、目、鼻、口、四肢相对,心君是身体诸器官的绝对主宰者,具有至尊无上的独贵地位,这在先秦文献中如《管子》四篇、《荀子·解蔽》等,皆有明证。《礼记·礼器》云:'礼之以少为贵者,以其内心也。……是故君子慎其独也。'与简帛《五行》所谓'慎独'义近。"(丁四新:《郭店楚墓竹简思想研究》,东方出版社2000年版,第141—142页)

① 发:发动。

② 中(zhōng):无过无不及,不偏不倚。人的内心处于虚静淡然、不偏不倚的境界。郑玄注:"中为大本者,以其含喜怒哀乐,礼之所由生,政教自此出也。"孔颖达疏:"喜怒哀乐缘事而生,未发之时,澹然虚静,心无所虑当于理,故谓之中。"程颐认为:"中也者,言寂然不动者也。故曰'天下之大本'。"(程颢、程颐:《二程集·程氏遗书》卷第二十五,中华书局2011年版,第319页)朱熹《中庸章句》:"喜怒哀乐情也,其未发,则性也。无所偏倚,故谓之中。"宋陈淳说:"中有二义:有已发之中,有未发之中。未发是就性上论,已发是就事上论。已发之中,当喜而喜,当怒而怒,那恰好处,无过不及,便是中。"(陈淳:《北溪字义》,中华书局2011年版,第48页)冯友兰先生曾引用宋玉的《登徒子好色赋》解释说:"'增之一分则太长,减之一分则太短;着粉则太白,施朱则太赤。'这里所描绘的一位美女,身体和容貌都恰到好处。这就是儒家所谓的'中'。"(冯友兰:《中国哲学简史》,新世界出版社2004年版,第180—181页)庞朴认为:"公正地而不是徇私地听取对立两造的申诉,便能得'中'。那么,这样的'中',已经不是道德范畴,而属于认识领域了。这就是说'中',不仅是善,而且也是真"。(庞朴:《儒家辩证法研究》,中华书局1984年版,第80页)李泽厚认为:"所谓'中',就是矛盾双方互相依存,每一方都在自身所应有的适当限度内发展,没有'过'与'不及'的毛病。"(李泽厚:《国美学史》(第1卷),中国社会科学出版社1984年版,第148页)。

③ 中(zhòng)节:合乎自然本性与仁礼节度,无过与不及之意。中:符合。朱熹《中庸章句》:"发皆中节,情之正也。"

和①。中也者,天下之大本②也;和也者,天下之达道③也。

【解读】

人的喜怒哀乐情感还未发动时,叫做"中";如果喜怒哀乐情感表现出来都合乎节度,叫做"和"。"中",是天下万事万物的根本。"和",是天下万事万物遵循的规律。

1.5 致④中和,天地位⑤焉,万物育⑥焉。

【解读】

达到中和的境界,天地万物各安其位,万物自然发育生长。

---

① 和:和谐。情与性之和谐,孔颖达疏:"不能寂静而有喜怒哀乐之情,虽复动发,皆中节限,犹如盐梅相得,性行和谐,故云谓之和"。程颐认为:"和也者,言感而遂通者也,故曰'天下之达道'。"(程颢、程颐:《二程集·程氏遗书》卷第二十五,中华书局2011年版,第319页)朱熹《中庸章句》:"无所乖戾,故谓之和。"
② 大本:根本。朱熹《中庸章句》:"大本者,天命之性。天下之理,皆由此出,道之用也。"
③ 达道:遵循的道理。朱熹《集注》:"达道者,循性之谓,天下古今之所共由,道之用也。"
④ 致:达到、体察、推广。郑玄注:"致,行之至也。"朱熹《中庸章句》:"致,推而极之也。"
⑤ 位:各正其位。郑玄注:"位,犹正也。"朱熹《中庸章句》:"位者,安其所也。"
⑥ 育:生长、发育。郑玄注:"育,生也,长也。"朱熹《中庸章句》:"育者,遂其生也。"

第二章

2.1　仲尼①曰:"君子中庸②,小人反中庸。"

【解读】

孔子说:"君子的言行合乎中庸的道理,小人的言行违反中庸的道理。"

---

①　仲尼:即孔子(公元前 551—前 479 年),名丘,字仲尼,中国古代著名思想家、教育家,儒家学派创始人。

②　中庸:对待事物恰如其分的方法和态度,是儒家最高道德标准。中,正也。庸,用也。郑玄在《三礼目录》中说:"名曰《中庸》者,以其记中和之为用也。庸,用也。"《礼记正义》中郑玄又说:"庸,常也。用中为常道也"。朱熹《中庸章句》:"中者,不偏不倚、无过不及之名。庸,平常也。""中庸者,不偏不倚,无过不及,而平常之理,乃天命所当然,精微之极致也。"程颐曰:"不偏之谓中,不易之谓庸。中者,天下之正道。庸者,天下之定理。"(《河南程氏遗书》卷七记作二先生语,朱熹《中庸章句》引程颢的话。)程颢说:"中之理至矣。独阴不生,独阳不生,偏则为禽兽,为夷狄,中则为人。中则不偏,常则不易,惟中不足以尽之,故曰中庸。"(程颢、程颐:《二程集·程氏遗书》卷第十一,中华书局 2011 年版,第 122 页)儒学大师金景芳先生认为:"'中庸'就是'用中',就是把中加以应用,付诸实行的意思。"(金景芳:《金景芳儒学论集》,四川大学出版社 2010 年版,第 441 页)杜维明认为:"'中庸'的意思,是要在一个复杂的社会、一个复杂的时空网络中,取得最好的、最合情合理的选择。就好像射箭要中的,也是在一个非常动荡、非常不容易掌握的环境中,取得最好的击中目标的时机。这就需要自强,需要自力,需要有自知之明,需要照察各种不同层面的矛盾。"([美]杜维明:《儒家传统的现代转换》,北京中国广播电视出版社 1992 年版,第 117 页)徐复观认为:"完全的说法,应该是所谓'庸'者,乃指'平常的行为'而言。所谓平常的行为,是指随时随地,为每一个人所应实践,所能实现的行为。"(徐复观:《中国人性论史》,华东师范大学出版社 2005 年版,第 70 页)李泽厚认为:"'中庸'者,实用理性也,它着重在平常的生活实践中建立起人间正道和不朽理则。"(李泽厚:《论语今读》,生活·读书·新知三联书店 2004 年版,第 186 页)

2.2 "君子之中庸也,君子而时中①;小人之中庸也②,小人而无忌惮也③。"

【解读】

"君子言行合乎中庸的道理,是因为君子能每时每刻做到合度适中,无过与不及;小人违反中庸,是因为小人没有什么顾忌和畏惧。"

---

① 时中:每时每刻以中道自律。郑玄认为:"时节其中";孔颖达认为:"谓喜怒不过节也";程颐说:"可以仕则仕,可以止则止,可以久则久,可以速则速,此皆时也,未尝不合中,故曰'君子而时中'。"(程颢、程颐:《二程集·程氏遗书》卷第二十五,中华书局2011年版,第319页)张载说:"时中之义甚大,须精义入神,始得观其会通,行其典礼,此方是真义理也。行其典礼而不达会通,则有非时中者矣。君子要多识前言往行以畜其德者,以其看前言往行,熟则自能见得时中。"(卫湜:《礼记集说》卷一百二十五,《钦定四库全书·经部114》,上海古籍出版社1987年版,第47页)朱熹认为:"随时以处中"而做到"无时不中"。宋代卫湜引建安游氏曰:"君子之于中庸,自幼壮至于老死,自朝旦至于暮夜,所遇之时所遭之事虽不同,其为中一也,故谓之'时中',言行小变而不失其大常也。"(卫湜:《礼记集说》卷一百二十五,《钦定四库全书·经部114》,上海古籍出版社1987年版,第48页)王夫之说:"'时中'之中,非但用也。中,体也;时而措之,然后其为用也。喜怒哀乐之未发,体也;发而皆中节,亦不得谓之非体也。所以然者,喜自有喜之体,怒自有怒之体,哀乐自有哀乐之体。喜而赏,怒而刑,哀而丧,乐而乐(音岳),则用也。虽然,赏亦自有赏之体,刑亦自有刑之体,丧亦自有丧之体,乐亦自有乐之体,是亦终不离乎体也。《书》曰:'允执厥中'。中,体也;执中而后用也。子曰:'君子而时中'。又曰:'用其中于民'。中皆体也;时措之喜怒哀乐之间,而用之于民者,则用也。以此知夫凡言中者,皆体而非用矣。"(王夫之:《读四书大全说》,中华书局2009年版,第60页)
② 小人之中庸也:唐陆德明《经典释文》说:"魏王肃本作'小人之反中庸也'。"程颐与朱熹等都认为有"反"字。程颐认为:"小人更有甚中庸?脱一'反'字。小人不主于义理,则无忌惮,无忌惮所以反中庸也。亦有其心畏谨而不中,亦是反中庸。语恶有浅深则可,谓之中庸则不可。"(程颢、程颐:《二程集·程氏遗书》卷第十五,中华书局2011年版,第160—161页)俞樾《群经评议》认为"反"字不加也可通。谢良佐《上蔡语录》、倪思中《中庸讲义》也都是无"反"字。今据《十三经注疏本》本,不加"反"字。朱熹《中庸章句》:"小人之所以反中庸者,以其有小人之心,而又无所忌惮也。"
③ 忌惮(dàn):顾忌和畏惧。郑玄注:"忌,畏也。惮,难也。"

第三章

子曰:"中庸其至①矣乎! 民鲜②能久矣!"

【解读】

孔子说:"中庸是至美至善的德行! 人们很少能够持之以恒地做到!"

---

① 至:至美纯善。宋代卫湜引建安游氏的话:"德至于中庸,则全之尽之,不可以有加矣,故曰'其至矣乎'。"(卫湜:《礼记集说》卷一百二十五,《钦定四库全书·经部114》,上海古籍出版社1987年版,第57页)引仁寿李氏曰:"中庸之为至,何也? 理之极而不可加之谓至。"(卫湜:《礼记集说》卷一百二十五,《钦定四库全书·经部114》,上海古籍出版社1987年版,第59页)张岱说:"'至'字,即'无声无臭至矣'之'至',下言'至诚'、'至圣'、'至道'、'至德',皆同此'至'。有时言'大'字,亦与'至'同。……至者,恰好之谓也。过则失中,不及则亦失中,皆名未至,则知贤知愚不肖之同为'不及'也。"(张岱:《四书遇·中庸》,浙江古籍出版社1985年版,第25—26页)

② 鲜(xiǎn):少,不多。郑玄注:"鲜,罕也。言中庸为道至美,顾人罕能久行。"宋代卫湜引蓝田吕氏曰:"人莫不能中庸,鲜能久而已。久则为贤人,不息则为圣人。"(卫湜:《礼记集说》卷一百二十五,《钦定四库全书·经部114》,上海古籍出版社1987年版,第56页)

第四章

4.1 子曰:"道①之不行也,我知之矣,知者②过之,愚者不及也;道之不明也,我知之矣,贤者过之,不肖者③不及也。"

【解读】

孔子说:"中庸之道不能在天下推行,我知道其中缘由了:聪明的人自以为是,认识过了头;愚笨的人智力不及,又不懂如何去实行。中庸之道不能彰明,我知道其中缘由了:贤能的人做过分了,而不贤的人又

---

① 道:中庸之道。宋程颢说:"此章言失中之害。必知所以然,然后道行;必可常行,然后道明。知之过,无征而不适用;不及,则卑陋不足为,是不行之因也。行之过,不与众共;不及,则无以异于众,是不明之因也。行之不著,习矣不察,是皆饮食而不知味者。如此而望道之行,难矣夫!"(程颢、程颐:《二程集·中庸解》,中华书局2011年版,第1153页)朱熹《中庸章句》说:"道者,天理之当然,中而已矣。知愚贤不肖之过不及,则生禀之异而失其中也。知者知之过,既以道为不足行;愚者不及知,又不知所以行,此道之所以常不行也。贤者行之过,既以道为不足知;不肖者不及行,又不求所以知,此道之所以常不明也。道不可离,人自不察,是以有过不及之弊。"又说:"刻意尚行,惊世骇俗,能行君子之所不必行者,贤者之过乎中也。卑污苟贱,不能行君子之所当行者,不肖者之不及乎中也。"(朱杰人、严佐之、刘永翔主编:《朱子全书》(第六册),上海古籍出版社、安徽教育出版社2002年版,第566页)元胡炳文说:"此章分道之'不行'、'不明',而下章即舜之知,言道之所以行;即回之贤,言道之所以明。兼后面欲说知、仁、勇,此章为此三者发端而言。知者知之过,以为道不足行,是不仁也;贤者行之过,以为道不足知,是不知也;愚、不肖者,安于不及,不能勉而进,是不勇也。"(张岱:《四书遇·费隐章》,浙江古籍出版社1985年版,第27页)

② 知者:有智慧的人。"知"同"智"。

③ 不肖(xiào)者:不贤的人。陆九渊说:"愚不肖者不及焉,则蔽于物欲而失其本心;贤者知者过之,则蔽于意见而失其本心。……若愚不肖者之不及,固未得其正,贤者知者过之,亦未得其正,溺于声色货利,狃于谲诈奸宄,梏于末节细行,流于高论浮说,其知愚贤不肖,固有间矣。若是心之未得其正,蔽于其私,而使此道为之不明不行,则其为病一也。"(卫湜:《礼记集说》卷一百二十五,《钦定四库全书·经部114》,上海古籍出版社1987年版,第67页)

做不到。"

4.2 "人莫不饮食也,鲜能知味也。"

【解读】

"就像人们每天都要饮食,但却很少有人能真正品尝出其中的滋味。"

第五章

子曰:"道其①不行矣夫②!"

【解读】

孔子说:"中庸之道恐怕目前不能在天下实行了吧!"

① 其:表示大概、恐怕等推测的语气助词。
② 夫(fú):表示感叹的语气助词。

第六章

子曰:"舜①其大知②也与③!舜好④问而好察迩言⑤,隐恶而扬善⑥,执其两端⑦,用其中于民,其⑧斯以为舜乎!"

---

① 舜:人物名,传说中原始社会后期部落联盟领袖,姚姓,名重华,以孝行和高尚品行而被四岳举荐,唐尧让舜摄政,乃除四凶,举八元八恺,天下大治。后受禅即帝位,号为"有虞氏帝舜"。虞舜、大舜、虞帝舜、舜帝皆帝舜的帝王号,故后世以舜简称之。

② 知:同"智",聪明,智慧。下同。宋赵顺孙说:"舜之知可谓大矣,其所以为大者,是不自用,而乐取诸人,所以常好问而好察迩言,若只据一己所有,便有穷尽,不得谓之大矣。"(赵顺孙:《中庸纂疏》《钦定四库全书·经部195》,上海古籍出版社1987年版,第112页)

③ 与:同"欤",语末助词。

④ 好(hào):喜欢。

⑤ 迩(ěr)言:浅近的话语。郑玄注:"迩,近也。近言而善,易以近人,察而行之也。"朱熹《中庸章句》:"迩言者,浅近之言,犹必察焉,其无遗善可知。"

⑥ 隐恶而扬善:包容缺点,彰显优点。宋代卫湜引仁寿李氏的话:"未善者,不必显其失也,故隐之。善者,不可匿而不宣也,故扬之。"(卫湜:《礼记集说》卷一百二十五,《钦定四库全书·经部114》,上海古籍出版社1987年版,第74页)朱熹《中庸章句》:"然于其言之未善者则隐而不宣,其善者则播而不匿,其广大光明又如此,则人孰不乐告以善哉。"

⑦ 两端:过与不及两方面。郑玄注:"两端,过与不及也"。孔颖达疏:"端谓头绪,谓'知者过之,愚者不及',言舜能执持愚、知两端,用其中道于民,使愚、知俱能行之。"朱熹《中庸章句》:"两端,谓众论不同之极致。如小大厚薄之类,于善之中又执其两端,而量度以取中,然后用之,则其择之审而行之至矣。"程颢:"两端,过与不及也。执其两端,乃所以用其时中,犹持权衡而称物轻重,皆得其平。故舜之所以为舜,乐取诸人,用诸民,皆以能执两端而不失中也。"(程颢、程颐:《二程集·中庸解》,中华书局2011年版,第1153页)钱穆认为:"两端者,一全体之两极端;'执其两端',即把握其全体,而随时随地随宜以用之而求其中也。则两端即包善恶,'用其中'即用其善矣。"(钱穆:《四书释义》,九州出版社2011年版,第320页)

⑧ 其:表示推测的语气助词。

【解读】

　　孔子说:"舜可以说是有大智慧的人啊! 舜善于向人请教,也善于仔细分析那些浅显话语背后的深奥含义。能包容他人的过错,褒奖他人的嘉言善行。舜善于权衡过与不及两端,总是采纳中庸之道治理天下,这大概就是舜之所以成为舜的原因吧!"

第七章

子曰:"人皆曰予知①。驱而纳诸罟擭②陷阱之中③,而莫之知辟也④。人皆曰予知。择乎中庸⑤,而不能期月⑥守也。"

【解读】

孔子说:"人人都说自己很聪明。可是人往往被驱使得像禽兽一样,陷入欲望名利的罗网陷阱中却不知道如何躲避。人人都说自己很聪明。选择了中庸之道,却连一个月也不能坚持下来。"

---

① 知:同"智",聪明,智慧。宋代卫湜引建安游氏曰:"定内外之分,辨荣辱之境,见善如不及,见不善如探汤,则君子所谓知也。"(卫湜:《礼记集说》卷一百二十五,《钦定四库全书·经部114》,上海古籍出版社1987年版,第75页)
② 罟(gǔ)擭(huò):捕捉动物的器具。罟:网的总称,捕兽的网。《周易·系辞下》:"作结绳而为网罟。"擭:装有机关的捕兽木笼。
③ 陷阱:为捕捉野兽挖的经过伪装的坑。罟擭陷阱:比喻人欲与名利的诱惑。孔颖达疏:"陷阱,谓坑也。穿地为坎,竖锋刃于中以陷兽也。言禽兽被人所驱,纳于罟网、擭陷阱之中,而不知违辟,似无知之人为嗜欲所驱,入罪祸之中而不知辟。"
④ 辟(bì):同"避",避开,躲避。
⑤ 择乎中庸:选择正确而合宜的善行。程颐说:"颜子择中庸,得一善则拳拳,中庸如何择?如博学之,又审问之,又谨思之,又明辨之,所以能择中庸也?虽然,学问思辨,亦何所据,乃识中庸?此则存乎致知,致知者,此则在学者自加功也。大凡于道,择之则在乎知,守之则在乎仁,断之则在乎勇。人力于道,则患在不能守,不能择,不能断。"(程颢、程颐:《二程集·程氏遗书》卷十五,中华书局2011年版,第170页)
⑥ 期(jī)月:一整月。

第八章

子曰:"回①之为人也,择乎中庸,得一善②,则拳拳服膺③而弗失之矣。"

【解读】

孔子说:"颜回为人处世,选择中庸之道为人生准则。一旦以至善的中庸之道为人生追求,就会时时谨守奉持,牢记在心,再也不让它失去。"

---

① 回:即颜回,名回,字子渊,春秋时期鲁国人,历来被尊为孔子弟子中德行第一。

② 一善:中庸之道。卫湜引海陵胡氏说:"一善,小善也。得一小善,拳拳然奉持于胸膺之间弗失之,言能躬行之也。"(卫湜:《礼记集说》卷一百二十六,《钦定四库全书·经部114》,上海古籍出版社1987年版,第82页)

③ 拳拳服膺(yīng):坚守不失,牢记心中。拳拳:谨守奉持。服膺:牢记在心中。郑玄注:"拳拳,奉持之貌。"孔颖达疏:"膺,谓胸膺,言奉持于善道,弗敢弃失。"朱熹《中庸章句》:"拳拳,奉持之貌。服,犹著也。膺,胸也。奉持而著之心胸之间,言能守也。颜子盖真知之,故能择能守如此,此行之所以无过不及,而道之所以明也。"

第九章

子曰："天下国家可均①也，爵禄可辞也，白刃可蹈②也，中庸不可能③也。"

【解读】

孔子说："天下国家可以平定安治，高官厚禄可以辞让，锋利的刀刃可以践踏而过，但中庸却不容易做到。"

---

① 均：平定安治。朱熹《中庸章句》："平治也。"
② 蹈（dǎo）：踩踏，践踏。
③ 中庸不可能：郑玄注："言中庸难为之难。"孔颖达疏："言在上诸事，虽难犹可为之，唯中庸之道不可能也。为知者过之，愚者不及，言中庸难为之难也。"程颢说："此章言中庸之难能。均，平治也。一事之能，一节之廉，一朝之勇，有志者，皆能之。久于中庸，惟圣者能之。"（程颢、程颐：《二程集·中庸解》，中华书局 2011 年版，第 1154 页）朱熹《中庸章句》："三者亦知、仁、勇之事，天下之至难也，然不必其合于中庸，则质之近似者皆能以力为之。若中庸，则虽不必皆如三者之难，然非义精仁熟，而无一毫人欲之私者，不能及也。三者难而易，中庸易而难，此民之所以鲜能也。"

第十章

10.1　子路①问强。

【解读】

子路问孔子如何才称得上"强"。

10.2　子曰:"南方之强②与③? 北方之强④与? 抑⑤而⑥强与?"

【解读】

孔子说:"你问的是南方人的强呢? 北方人的强呢? 还是你所能达到的强呢?"

---

①　子路:春秋时鲁国人,姓仲名由,字子路,一字季路。孔子的学生,个性率直好勇,行事果敢,事亲孝。
②　南方之强:南方人的强。郑玄注:"强,勇者所好也。"孔颖达疏:"南方,谓荆阳之南,其地多阳。阳气舒散,人情宽缓和柔,假令人有无道加己,己亦不报,和柔为君子之道,故云'君子居之'。"朱熹《中庸章句》:"南方风气柔弱,故以含忍之力胜人为强。"宋代卫湜引建安游氏曰:"所谓强者,非取其胜物也,自胜而已,故以男方之强为君子。"(卫湜:《礼记集说》卷一百二十六,《钦定四库全书·经部114》,上海古籍出版社1987年版,第89页)
③　与:同"欤",语末助词,表示疑问。下同。
④　北方之强:朱熹《中庸章句》:"北方风气刚劲,故以果敢之力胜人为强。"孔颖达疏:"北方沙漠之地,其地多阴。阴气坚急,故人生刚猛,恒好斗争,故以甲铠为席,寝宿于中,至死不厌,非君子所处,而强梁者居之。"
⑤　抑:表示选择的连词,意为"还是"、"或者"。郑玄注:"抑,辞也。"
⑥　而:你,第二人称代词,相当于"尔"、"汝",这里指子路。郑玄注:"'而'之言'女'也"。孔颖达疏:"'而'之言'女'也;女,子路也。"

10.3 "宽柔以教①,不报无道②,南方之强也,君子居③之。"

【解读】

"采取宽容柔和的方法去教化人,不对横暴无理的人进行报复,这是南方人的强,品德高尚的人具有这种强。"

10.4 "衽金革④,死而不厌⑤,北方之强也,而强者居之。"

【解读】

"枕着兵器和甲盾睡觉,即使死也在所不惜,这是北方人所谓的强,勇武好斗的人就具有这种强。"

10.5 "故君子和而不流⑥,强哉矫⑦!中立而不倚⑧,强

---

① 宽柔以教:用宽容柔和的方法去教化人。朱熹《中庸章句》:"宽柔以教,谓含容巽顺,以诲人之不及也。"
② 不报无道:不对横暴无理的人进行报复。报:报复。无道:指强暴无理的人。郑玄注:"谓犯而不校也。"朱熹《中庸章句》:"不报无道,谓横逆之来,直受之而不报也。"
③ 居:处,怀有,具有。
④ 衽(rèn)金革:以兵器和盔甲为席子。衽:卧席,此处用为动词。郑玄注:"衽犹席也。"金:指铁制的兵器。革:指皮革制成的甲盾。孔颖达疏:"衽,卧席也。金革,谓军戎器械也。"朱熹《中庸章句》:"衽,席也。金,戈兵之属。革,甲胄之属。"
⑤ 死而不厌:死也在所不惜,厌:厌倦、满足。
⑥ 和而不流:与人和谐相处而又不流于俗。郑玄注:"流,犹移也。"孔颖达疏:"性行和合而不流移。"
⑦ 矫(jiǎo):强壮、坚强的样子。郑玄注:"矫,强貌。"司马光说:"矫者,矫其偏以就中也;矫之为言,犹揉木也。"(卫湜:《礼记集说》卷一百二十六,《钦定四库全书·经部114》,上海古籍出版社1987年版,第91页)
⑧ 中立:立足于正道。倚(yǐ):偏倚。孔颖达疏:"中正独立而不偏倚。"

哉矫！国有道，不变塞①焉，强哉矫！国无道，至死不变，强哉矫②！"

【解读】

"所以，品德高尚的人与人和谐相处却不流于俗，这才是真正的强啊！保持中正独立而毫不偏倚，这才是真正的强啊！国家政治清平时，不改变自己穷困不达时的志向，这才是真正的强啊！国家政治黑暗时，至死不改变自己的品行操守，这才是真正的强啊！"

---

① 不变塞(sè)：不改变自己穷困不达时的志向。塞，不通，穷困不达。郑玄注："塞，犹实也。"程颢说："塞，未通也，不变未达之所守，所谓富贵不能淫也。"（程颢、程颐：《二程集·中庸解》，中华书局1981年版，第1154页）朱熹《中庸章句》："塞，未达也。国有道，不变未达之所守；国无道，不变平生之所守也。"司马光说："塞，未达也。君子当天下有道，其身必达，不变乎未达之所守，故曰'不变塞'也。"（卫湜：《礼记集说》卷一百二十六，《钦定四库全书·经部114》，上海古籍出版社1987年版，第91页）

② 强哉矫：程颢认为："此章言强之中，南方之强，不及强者也，北方之强，过强者也。南方，中国也，虽不及强，然犯而不校，未害为君子。北方任力，故止为强者，能矫以就中，乃得君子之强，自'和而不流'以下，皆君子自矫其强者也。"（程颢、程颐：《二程集·中庸解》，中华书局2011年版，第1154页）宋代卫湜引范阳张氏曰："何以为中庸之强？曰：和而不流，此喜怒哀乐之中节也，故其强矫然不挠；中立不倚，此喜怒哀乐未发时也，故其强亦矫然不挠。故其见用于有道之世，不变于厄塞之节，无道之世，胁之以死，亦不变其节，其强皆矫然不挠。夫不变者，不流不倚之发也。矫之为言，刚毅之貌，非矫揉之矫也。"（卫湜：《礼记集说》卷一百二十六，《钦定四库全书·经部114》，上海古籍出版社1987年版，第93页）

第十一章

11.1　子曰:"素隐行怪①,后世有述②焉,吾弗为之矣。"

【解读】

孔子说:"探索隐僻的道理、做些怪诞不经的事情,以此来欺世盗名。后世也许会有人记述他、称赞他,但我决不会这样做。"

11.2　"君子遵道而行,半涂而废③,吾弗能已④矣。"

---

①　素隐行怪:据《汉书》应为"索",探索、寻求。但郑玄有不同看法:"素读如攻城攻其所傃之傃,傃犹乡也。言方乡辟害隐身,而行诡谲以作后世名也。"孔颖达疏:"素,乡也。谓无道之世,身乡幽隐之处,应须静默。若行怪异之事,求立功名,使后世有所述焉。"程颢说:"素隐行怪,未当行而行,行之过者也。半途而废,当行而不行,行之不及者也。惟君子依乎中庸,自信不悔,圣人之事也。"(程颢,程颐:《二程集·中庸解》,中华书局 2011 年版,第 1154 页)朱熹《中庸章句》:"素,据《汉书》当作'索',盖字之误也。索隐行怪,言深求隐僻之理,而过为诡异之行也。然以其足以欺世而盗名,故后世或有称述之者。此知之过而不择乎善,行之过而不用其中,不当强而强者也,圣人岂为之哉!"《中庸或问》说:"吕氏从郑注,以素为傃,固有未安。惟其旧说有谓'无德而隐为素隐者'者,于义略通,又以遁世不见之语反之,似亦有据。但素字之义,与后章'素其位'之素,不应顿异,则有若有可疑者。独《汉书·艺文志》刘歆论神仙家流引此,而以素为索,颜氏又释之为'求索隐暗之事',则二字之义既明,而与下文'行怪'二字语势亦相类,其说近是。"(朱杰人、严佐之、刘永翔主编:《朱子全书》(第六册),上海古籍出版社、安徽教育出版社 2002 年版,第 569 页)相较之下,《汉书》所言为是。
②　述:记述。
③　半涂而废:涂同"途",道路。废:废止、停下。郑玄注:"废,犹罢止也。"孔颖达疏:"犹如人行于道路,半涂而自休废。"
④　已:止、停止。孔颖达疏:"已,犹止也。"

【解读】

"君子遵循中庸之道而行,但往往有人半途而废,而我绝不会中途停止。"

11.3 "君子依乎中庸,遯①世不见知②而不悔,唯圣者能之。"

【解读】

"君子依照中庸之道而行,即使隐遁林下,一生不被世人知晓也不懊悔,这只有圣人才能做得到。"

---

① 遯(dùn):同"遁",隐避、逃避。
② 见知:被知道。见,被。

第十二章

12.1　君子之道费而隐①。

【解读】

君子所坚守的大道，在功用上应用广博，在本体上精微难识。

12.2　夫妇②之愚，可以与③知焉，及其至④也，虽圣人亦

---

① 费而隐：广大而隐微。费：应用广大。隐：精微奥秘。郑玄注："费犹佹（guǐ）也。道不费则仕。"孔颖达疏："言君子之人，遭值乱世，道德违费则隐而不仕。若道之不费，则当仕也。"张载认为："费，日用；隐，不知也。匹夫匹妇可以与知与行，是人所常用，故曰费；及其至也，虽圣人有所不知不能，是隐也。圣人若夷惠之徒，亦未知君子之道，若知君子之道，亦不入于偏。"（张锡琛点校：《张载集·语录中》，中华书局1978年版，第322页）程颢认为："费，用之广也；隐，微密也。圣人有所不知不能，所谓隐也。费则常道，隐则至道，惟能尽道，乃所以为至道。"（程颢、程颐：《二程集·中庸解》，中华书局2011年版，第1154页）朱熹《中庸章句》："费，用之广也。隐，体之微也。……君子之道，近自夫妇居室之间，远而至于圣人天地之所不能尽，其大无外，其小无内，可谓费矣。然其理之所以然，则隐而莫之见也。"宋董铢说："费，道之用也；隐，道之体也。用则理之见于日用，无不可见也。体则理之隐于其内，行而上者之事，固有非视听之所及者。……行而下者甚广，其形而上者实行乎其间，而无物不具，无处不有，故曰费。费，言其用之广也。就其中其行而上者有非视听所及，故曰隐。隐，言其体微妙也。"（（宋）黎靖德：《朱子语类·中庸二》，中华书局1986年版，第1532页）明张侗初说："费，弥六合也，发也；隐，藏于密也，未发也。费处都是隐，率性处都是天命也。子思极力要指点天命，而无可说，只得就'费'一形容之。"（张岱：《四书遇·费隐章》，浙江古籍出版社1985年版，第34—35页）

② 夫妇：有两种看法。一种指匹夫匹妇，即普通男女，这是郑玄、张载等人的看法，郑玄注："言匹夫匹妇愚耳，亦可以其与有所知，可以其能有所行者。"；另一种说法指夫妻，这是朱熹的看法，《中庸章句》："君子之道，近自夫妇居室之间，远而至于圣人天地之所不能尽。"两者皆通。

③ 与(yù)：动词，参与。

④ 至：极、最，指最精微之处。

有所不知焉;夫妇之不肖,可以能行焉,及其至也,虽圣人亦有所不能焉。天地之大也,人犹有所憾①。故君子语大②,天下莫能载③焉;语小④,天下莫能破焉⑤。

【解读】

  就大道应用的广泛而言,不识字的普通男女都明白其中的道理;但它的极精微奥妙之处,即便是圣人也有不知道的地方。普通男女虽然不贤明,也是可以践行的。但大道的极精微奥妙之处,即便是圣人也有做不到的地方。天地如此广大,人们还是觉得有遗憾之处。所以,君子所坚守的大道之大,甚至连整个天下都载不下;大道说到"小",小到天下没有什么东西能把它剖开。

---

  ① 天地之大也,人犹有所憾:郑玄注:"憾,恨也。天地至大,无不覆载,人尚有所恨焉,况于圣人能尽备之乎。"孔颖达疏:"憾,恨也。言天地至大,无物不养,无物不覆,载于冬寒夏暑,人犹有怨恨之,犹如圣人之德,无善不包,人犹怨之,是不可备也。中庸之道,于理为难,大小兼包,始可以备也。"程颢说:"天地之大,亦有所不能,故人犹有憾,况圣人乎?天地之大犹有憾,语大者也。有憾于天地,则大于天地矣,此所以天下莫能载。愚不肖之夫妇所常行,语小者也。愚不肖所常行,虽圣人亦有不可废,此所谓天下莫能破。上至乎天地所不能,下至于愚不肖之所能,则至道备矣。自夫妇之能,至察乎天地,则常道尽矣。"(程颢、程颐:《二程集・中庸解》,中华书局2011年版,第1154—1155页)
  ② 语大:郑玄注:"所说大事,谓先王之道。"孔颖达疏:"语,说也;大,谓先王之道。言君子语说先王之道,其事既大,天下之人无能胜载之者。"
  ③ 载:承载。
  ④ 语(yù)小:郑玄注:"所说小事,谓若愚、不肖夫妇之知行也。"孔颖达疏:"若说细碎小事,谓愚不肖,事既纤细,天下之人无能分破之者。言事似秋毫,不可分破也。"
  ⑤ 破:分开、割裂、剖析。王夫子认为:"破者,分析教成两片,一彼一此之谓也。则疑天下之事物,其或得道之此而不得道之彼者有矣。乃君子推而小之,以至于一物之细、一事之微,论其所自来与其所自成,莫非一阴一阳、和剂均平之构撰;论其所体用,莫不有健顺五常,咸在其中而无所偏遗。故欲破此一物为有阳而无阴,此一事道在仁而不在义,彼一事道在义而不在仁,而俱不可得。"(王夫之:《读四书大全说》,中华书局2009年版,第104页)

12.3 《诗》①云："鸢飞戾天②,鱼跃于渊。"言其上下察③也。

【解读】

《诗》说："老鹰翱翔于高空,鱼儿跳跃于深渊。"这是说君子所坚守的道,无所不在,彰显于天上和地下。

12.4 君子之道,造端④乎夫妇;及其至也,察乎天地。

【解读】

所以君子之道,首先体现于夫妇之礼;至于大道的高深精妙,则弥漫、彰显于整个天地之间。

---

① 《诗》:"鸢飞戾天,鱼跃于渊"引自《诗经·大雅·旱麓》,是赞美周文王的诗。

② 鸢(yuān)飞戾(lì)天:鸢,一种鹰。戾,至、到达。郑玄注:"言圣人之德至于天,则'鸢飞戾天'。"朱熹《中庸章句》:"鸢,鸱类。戾,至也。察,著也。子思引此诗以明化育流行,上下昭著,莫非此理之用,所谓费也。然其所以然者,则非见闻所及,所谓隐也。故程子曰:'此一节,子思吃紧为人处,活泼泼地,读者其致思焉。'"

③ 察:显现、昭著、明显。郑玄注:"察,犹著也。"

④ 造端:开始。孔颖达疏:"言君子行道,初始造立端绪,起于匹夫匹妇之所知所行者。"

第十三章

13.1 子曰:"道不远人。人之为道而远人,不可以为道。"

【解读】

孔子说:"道不远离人。如果有人为了实行道而远离人,那就不可能是道了。"

13.2 "《诗》①云:'伐柯伐柯,其则不远②。'执柯以伐柯,睨③而视之,犹以为远。故君子以人治人,改而止④。"

---

① 《诗》:"伐柯伐柯,其则不远"引自《诗经·豳(bīn)风·伐柯》。
② 伐柯(kē)伐柯,其则不远:砍削斧柄,砍削斧柄,斧柄的式样就在眼前。柯:斧柄。则:法则,标准,榜样,这里指斧柄的式样。郑玄注:"则,法也。言持柯以伐木,将以为柯近,以柯为尺寸之法,此法不远人,人尚远之,明为道不可以远。"孔颖达疏:"柯柄长短,其法不远也,但执柯睨而视之,犹以为远。言欲行其道于人,其法亦不远,但近取法于身,何异持柯以伐柯?人犹以为远,明为道之法亦不可以远。即所不愿于上,无以交于下;所不愿于下,无以事上。况是在身外,于他人之处,欲以为道,何可得乎?明行道在于身而求道也。"程颐说:"执柯伐柯,其则不远,人犹以为远。君子之道,本诸身,发诸心,岂远乎哉?"(程颢、程颐:《二程集·程氏遗书》中华书局1981年版,第230年)
③ 睨(nì):斜视、侧视。
④ 改而止:改正错误就停下来。郑玄注:"言人有罪过,君子以人道治之,其人改则止赦之,不责以人所不能。"孔颖达疏:"以道去人不远,言人有过,君子当以人道治此有过之人。'改而止',若人自改而休止,不须更责不能之事。若人所不能,则己亦不能,是行道在于己身也。"程颢说:"言治人治己之常道。苟非其人,道不虚行。人能弘道,非道弘人。故道而远人,是为外物。一人之身,而具有天地之道,远尔古今,大而天下,同之是理,无毫厘之差。"(程颢、程颐:《二程集·中庸解》,中华书局1981年版,第1155页)朱熹《中庸章句》:"若以人治人,则所以为人之道,各在当人之身,初无彼此之别。故君子之治人也,即以其人之道,还治其人之身。其人能改,即止不治。"卫湜引延平杨氏曰:"'仁者,人也,合而言之,道也',道岂尝离人哉?人而为道,与道二矣,道之所以远也。……'以人治人',仁之也,伊尹以斯道觉斯民是也。'改而止',不为已甚也,盖道一而已,仁是也。视天下无一物之非仁,则道在是矣。"(卫湜:《礼记集解》卷一百二十七,《钦定四库全书·经部114》,上海古籍出版社1987年版,第118页)

【解读】

"《诗》说:'砍削斧柄,砍削斧柄,斧柄的式样就在眼前。'握着斧柄砍削树木来制作另一个斧柄,应该说不会有什么差错。但是,如果你斜着眼睛看,还会以为两者差异很大。所以,君子根据做人的道理来治理人,别人有错误,只要他能根据君子之道改正就行。"

13.3 "忠恕①违道②不远,施诸己而不愿,亦勿施于人③。"

① 忠恕:尽己之心为忠,推己及人为恕。孔颖达疏:"忠者,内尽于心,恕者,外不欺物。恕,忖也。忖度其义于人。"程颢说:"君子之治人,治其不及人者使及人而已。将欲治人,必先治己,故以忠恕自治。"(程颢、程颐:《二程集·中庸解》,中华书局 2011 年版,第 1155 页)"以己及物,仁也,推己及物,恕也。违道不远是也,忠恕一以贯之。忠者天理,恕者人道。忠者无妄,恕者所以行乎忠也。忠者体,恕者用,大本达道也。"(程颢、程颐:《二程集·程氏遗书》,中华书局 2011 年版,第 124 页)朱熹《中庸章句》:"尽己之心为忠,推己及人为恕。"宋蓝田吕氏吕大临说:"其爱人也,以忠恕而已。忠者,诚有是心而不自欺;恕者,推待己之心以及人者也。忠恕不可谓之道,而道非忠恕不行,此所以言'违道不远',孔子谓'吾道一以贯之'者也。"(卫湜:《礼记集解》卷一百二十七,《钦定四库全书·经部114》,上海古籍出版社 1987 年版,第 117 页)卫湜引建安真氏真德秀说:"忠者,尽己之心也;恕者,推己之心以及人也。忠,尽乎内者也;恕,行于外者也。己之心既无一毫之不尽,则行之于外亦一毫之不当,有忠而后有恕。忠者,行也;恕者,影也。在圣人则曰诚,在学者则曰忠。诚是自然而然,忠则须用着力。在圣人则不必言恕,在学者则当恕,盖圣人不待乎推,学者先尽己而后能及人,故有待乎推也。然学者若能于忠恕二字着力,于尽己尽人之间,无不极其至,久之亦可以到至诚地位。又曰恕者,恕之谓,非宽厚之谓也,如我能为善,亦欲他人如我之善;我无恶,亦欲他人如我之无恶;我欲立,亦欲人之立;我欲达,亦欲人之达。大概是视人如己,推己及物之谓。"(卫湜:《礼记集解》卷一百二十七,《钦定四库全书·经部114》,上海古籍出版社 1987 年版,第 130 页)杨伯峻先生认为:"'恕',孔子自己下了定义:'己所不欲,勿施于人。''忠'是'恕'的积极的一面,用孔子自己的话来说,应该是'己欲立而立人,己欲达而达人。'"(杨伯峻:《论语译注》,中华书局 1980 年版,第 40 页)

② 违道:离道。违,去,距离。孔颖达疏:"违,去也。言身行忠恕,则去道不远也。"朱熹《中庸章句》:"违,去也,如《春秋传》'齐师违谷七里'之违。言自此至彼,相去不远,非背而去之之谓也。道,即其不远人者是也。"

③ 施诸己而不愿,亦勿施于人:施,行也。孔颖达疏:"诸,于也。他人有一不善之事施之于己,己所不愿,亦勿施于人,人亦不愿故也。"朱熹《中庸章句》:"施诸己而不愿亦勿施于人,忠恕之事也。以己之心度人之心,未尝不同,则道之不远于人者可见。故己之所不欲,则勿施之于人,亦不远人以为道之事。张子所谓'以爱己之心爱人则尽仁'是也。"此句与《论语》"己所不欲,勿施于人"含义一致。

【解读】

"能做到尽己之心的忠和推己及人的恕,就距离大道不远了。什么是忠恕?自己不愿意的事,也不要强行施加给别人。"

13.4 "君子之道四,丘未能一焉:所求①乎子,以事父未能也;所求乎臣,以事君未能也;所求乎弟,以事兄未能也;所求乎朋友,先施之未能也。庸德之行,庸言之谨②。有所不足,不敢不勉;有余不敢尽;言顾③行,行顾言,君子胡不慥慥④尔?"

【解读】

"君子之道有四个方面,我孔丘连一项也没能做到:用我所要求儿

---

① 所求:要求。朱熹《中庸章句》:"求,犹责也。"
② 庸德之行,庸言之谨:行的是平平常常的德,谨守的是平平常常的言。"之"字复指其前面的宾语"庸德""庸言",这是一种倒装结构。庸:平常。郑玄注:"庸犹常也,言德常行也,言常谨也。"孔颖达疏:"庸,常也。谓自修己身,常以德而行,常以言而谨也。"朱熹《中庸章句》:"庸,平常也。行者,践其实。谨者,择其可。德不足而勉,则行益力;言有余而切,则谨益至。"宋吕大临说:"庸者,常道也。事父孝,事君忠,事兄弟,交朋友信,庸德也,必行而已;有问有答,有唱有和,不越乎此者,庸言也,无易而已。不足而不勉,则德有止而不进;有余而尽之,则道难继而不行。无是行也,不敢苟言以自欺,故'言顾行';有是言也,不敢不行而自弃,故'行顾言'。"(卫湜:《礼记集解》卷一百二十七,《钦定四库全书·经部114》,上海古籍出版社1987年版,第117页)
③ 顾:符合、配合。
④ 胡不慥(zào)慥:胡,何、怎么。慥慥,真诚笃行的样子。郑玄注:"慥慥,守实言行相应之貌。"清王引之《经义述闻》:"慥慥者,黾(mǐn)勉不敢缓之意,犹言汲汲耳。君子胡不慥慥耳,言君子何事不汲汲然自勉乎?"(王引之:《经义述闻》(卷十六))孔颖达疏:"胡,犹何也。既顾言行相副,君子何得不慥慥然守实言行相应之道也。"朱熹《中庸章句》:"慥慥,笃实貌。言君子之言行如此,岂不慥慥乎,赞美之也。凡此皆不远人以为道之事。张子所谓'以责人之心责己则尽道'是也。"吕大临认为:"言行相顾,知造乎诚实以自信,此君子所以慥慥造乎,诚实之谓也。"(卫湜:《礼记集解》卷一百二十七,《钦定四库全书·经部114》,上海古籍出版社1987年版,第117)

85

子侍奉父母的标准来孝敬父母尊长,我没能做到;用我所要求臣下服侍君王的标准来竭尽忠诚,我没能做到;要求弟弟应该敬重哥哥,我没能做到;用我所要求朋友应该先做到的,我没能做到。在日常生活中,时时刻刻按照中和之德去践行,谨守中和之德来说话。德行有所不足,不敢不勉励自己努力;如有余力,就不敢说自己已经尽力了。言语和自己的行为要融合无间,行为与自己的言语要相互验证。如果能这样做,君子怎么会不忠厚真诚呢?"

第十四章

14.1　君子素其位而行①,不愿②乎其外。

【解读】
君子安于现在所处的位置去做他应该做的事,而不羡慕本分以外的事情。

14.2　素富贵,行乎富贵;素贫贱,行乎贫贱;素夷狄③,行乎夷狄;素患难,行乎患难,君子无入而不自得④焉。

【解读】
君子现在如果处于富贵的地位,就做富贵人士所应做的事;现在如

---

① 素其位而行:安于现在所处的地位去做应该做的事。素,平素、现在,这里作动词用,安之若素。位,地位。孔颖达疏:"素,乡也。乡其所居之位而行其所行之事,不愿行在位外之事。《论语》云:'君子思不出其位也。'乡富贵之中,行道于富贵,谓不骄、不淫也。乡贫贱之中,则行道于贫贱,谓不谄、不慑也。乡夷狄之中,行道于夷狄,夷狄虽陋,虽随其俗而守道不改。乡难患之中,行道于患难,而临危不倾,守死于善道也。"程颢说:"此章言安土顺命,乃所以守常。素其位,不援上,不陵下,不怨天,不尤人,居易俟命,自迩自卑,皆安土顺命之道。"(程颢、程颐:《二程集·中庸解》,中华书局1981年版,第1155页)朱熹《中庸章句》:"素,犹见(现)在也。言君子但因见在所居之位而为其所当为,无慕乎其外之心也。"清张岱说:"所谓素其位而行者,有所以立于位之先,而后可以转徙于位之中,故曰'素'也。"(张岱:《四书遇》,浙江古籍出版社1985年版,第38页)
② 愿:期望、羡慕、倾心、向往。
③ 夷狄:夷,指东方的原始部族;狄,指西方的原始部族。泛指当时的未开化的少数民族。
④ 无入而不自得:无入,无处,无论处于什么地位。入,处于、合于。自得,无所不足于心,怡然自得。郑玄注:"'自得',谓所乡不失其道。"孔颖达疏:"言君子所入之处,皆守善道。在上位不陵下,此'素富贵行富贵'也。若身处富贵,依我常正之性,不使富贵以陵人。若以富贵陵人,是不行富贵之道。"

果处于贫贱的境况，就做贫贱者所应做的事；现在如果处于夷狄之中，就做夷狄应做的事；现在如果处于患难之中，就做在患难中应做的事。君子无论身在何处，都能安然自得。

14.3 在上位不陵①下，在下位不援②上，正己而不求于人则无怨。上不怨天，下不尤③人。

【解读】

处于上位，不欺凌下级；处于下位，不攀援巴结上级。只求端正自己而不苛求他人，这样就不会有任何抱怨了。上不抱怨天，下不抱怨人。

14.4 故君子居易④以俟命⑤，小人行险⑥以徼幸⑦。

---

① 陵：同"凌"，欺凌、欺侮、欺压。郑玄注："援，谓牵持之也。"孔颖达疏："援，牵持也。若身处贫贱则安之，宜令自乐，不得援牵富贵。若以援牵富贵，是不行贫贱之道。"王夫之认为："按《春秋传》，凡言强凌弱者，字皆作'凌'，左傍从'冰'。谓如寒威之逼人也。其云'侵陵'，云'陵替'者字则作'陵'，左傍从'阜'。陵者，山之向卑者也。离乎上而侵乎下，若山之渐降于陵而就平地也。则'不陵'、'不援'，义正相类。陵下者，言侵下之事以为己事也。"（王夫之：《读四书大全说》，中华书局2009年版，第112页）

② 援：攀援、巴结。本指抓着东西往上爬，引申为投靠有势力的人。郑玄注："援，谓牵持之也。"

③ 尤：责怪，抱怨，归咎，怨恨。孔颖达疏："尤，过也，责也。"

④ 居易：居于平安的地位，也就是安居现状的意思。易，平安。郑玄注："易，犹平安也。"朱熹《中庸章句》："易，平地也。居易，素位而行也。"

⑤ 俟(sì)命：等待天命，听天由命。郑玄注："俟命，听天由命也。"朱熹《中庸章句》："俟命，不愿乎外也。"

⑥ 险：危险，不正当。郑玄注："险，谓倾危之道。"

⑦ 徼(jiǎo)幸：企图以偶然的机会获得成功，或意外地得到不该得的好处。徼同"侥"。朱熹《中庸章句》："徼，求也。幸，谓所不当得而得者。"王夫之认为："'徼'只是求意。小注云：'取所不当得'，于义却疏。求者，其心愿得之；取，则以智力往取而获之矣。若幸可取而得焉，则不复有命矣。富贵福泽，仅有不可知者。君子俟之，则曰'命'。小人徼之，则虽其得也，未尝不有命在；而据其心之欣幸者偶遂其顺，不可云'命'，而谓之'幸'矣。"（王夫之：《读四书大全说》，中华书局2009年版，第113页）

【解读】

所以,君子安分守己静待天命,小人却铤而走险,妄图获得非分的利益。

14.5　子曰:"射①有似乎君子,失诸正鹄②,反求诸其身。"

【解读】

孔子说:"君子安身立命就像射箭一样,射不中箭靶,回过头来检讨自己射箭技艺上的失误。"

---

① 射:指射箭。
② 正(zhēng)鹄(gǔ):射箭的靶子。正、鹄均指箭靶,画在布上的叫正,画在皮上的叫鹄。郑玄注:"正、鹄皆鸟名也,一曰正,正也;鹄,直也。大射则张皮侯而栖鹄,宾射张布侯而设正也。"朱熹《中庸章句》:"画布曰正,栖皮曰鹄,皆侯之中,射之的也。"

第十五章

15.1 君子之道,辟①如行远必自迩②,辟如登高必自卑③。

【解读】

君子践行中庸之道,就像走远路一样,必定要从近处开始;就像登高山一样,必定要从低处起步。

15.2 《诗》④曰:"妻子好⑤合,如鼓瑟琴⑥;兄弟既翕⑦,

---

① 辟:同"譬",譬如。闽本、监本、毛本、岳本、嘉靖本相同都是"辟";惠栋校宋本、宋监本、石本、南宋石经、卫湜《礼记集说》用作"譬"。《释文》曰:"辟如音譬。"阮校:"按'譬',正字;辟,假借字。"
② 自迩(ěr):从近处。近,近处。郑玄注:"自,从也。迩,近也。行之以近者、卑者,始以渐致之高远。"
③ 卑:低处。孔颖达疏:"卑,下也。行之以远者近之始,升之以高者卑之始,言以渐至高远。不云近者远始,卑者高始,但勤行其道于身,然后能被于物,而可谓之高远耳。"
④ 《诗》:"妻子好合,如鼓瑟琴。兄弟既翕,和乐且耽。宜尔室家,乐尔妻帑"引自《诗经·小雅·常棣》,在闽本、惠栋校宋本和卫湜《礼记集说》是《常棣》,在监本和毛本是《诗经·小雅·棠棣》,今取《常棣》。孔颖达疏:"记人引此者,言行道之法自近始,犹如诗人之所云,欲和远人,先和其妻子兄弟,故云妻子好合,情意相得,如似鼓弹瑟与琴,音声相和也。兄弟尽皆翕合,情意和乐且复耽之。"
⑤ 妻子好(hào)合:与妻子和合融洽。
⑥ 鼓瑟(sè)琴:弹奏瑟琴。鼓:弹奏,作动词用。瑟:古代拨弦乐器,似琴。长近三米,古有五十根弦,后为二十五根或十六根弦,每弦有一柱,但无徽位,春秋时已流行,平放演奏。琴,古代弦乐器,最初是五根弦,后加至七根弦,又称"七弦琴"或"古琴",周代已有,定型于汉代。瑟琴比喻夫妇感情和谐。郑玄注:"琴瑟,声相应和也。"朱熹《中庸章句》:"鼓瑟琴,和也。"
⑦ 翕(xī):和顺,和合,融洽。郑玄注:"翕,合也。"与朱熹同。

和乐且耽①;宜尔室家,乐尔妻帑②。"

【解读】

《诗》说:"与妻子儿女恩爱和睦,就像弹琴鼓瑟一样和谐美满。兄弟关系融洽,和顺又快乐。使你的家庭美满,使你的妻子儿女幸福。"

15.3 子曰:"父母其顺矣乎!"

【解读】

孔子说:"这样父母也就称心如意了啊!"

---

① 耽:安乐,快乐。《诗经》原作"湛"。郑玄注:"耽,亦乐也。"与朱熹同。孔颖达疏:"耽之者,是相好之甚也。"
② 帑(nú),通"孥",儿女,子孙。郑玄注:"古者谓子孙曰'帑',此《诗》言和室家之道,自近者始。"孔颖达疏:"帑,子也。古者谓子孙为帑,故《甘誓》云:'予则帑戮汝'。于人则妻子为帑,于鸟则鸟尾为帑。《左传》云'以害鸟帑'是也。"朱熹《中庸章句》:"帑,子孙也"。

第十六章

16.1　子曰:"鬼神①之为德②,其盛矣乎!"

【解读】

孔子说:"天地间鬼神的作用,真是盛大深厚、无所不在啊!"

16.2　"视之而弗见,听之而弗闻,体物而不可遗③。"

---

① 鬼神:指天地间阴阳二气的聚散变化,鬼神只是一种隐喻。孔颖达疏:"此鬼神即与《易·系辞》云'是故知鬼神之情状,与天地相似',以能生万物也。案彼注:'木火之神生物,金水之鬼终物。'彼以春夏对秋冬,故以春夏生物,秋冬终物。其实鬼神皆能生物、终物也,故此云'体物而不可遗'。此虽说阴阳鬼神,人之鬼神亦附阴阳之鬼神,故此云'齐明盛服,以承祭祀',是兼人之鬼神也。"朱熹《中庸章句》:"程子曰:'鬼神,天地之功用,而造化之迹也。'张子曰:'鬼神者,二气之良能也。'愚谓以二气言,则鬼者阴之灵也,神者阳之灵也。以一气言,则至而伸者为神,反而归者为鬼,其实一物而已。"程颐说:"夫天,专言之则道也,天且弗违是也;分而言之,则以形体谓之天,以主宰谓之帝,以功用谓之鬼神,以妙用谓之乾。"(程颢、程颐:《二程集·周易程氏传》,中华书局2011年版,第695页)张载曰:"鬼神,往来屈伸之义。故天曰神,地曰示(祇),人曰鬼。"(张锡琛点校:《张载集·正蒙·神化》,中华书局1985年版,第16页)宋代卫湜引海陵胡氏曰:"鬼神以行言之则天地,以气言之则阴阳,以主宰言之则鬼神。"(卫湜:《礼记集解》卷一百二十八,《钦定四库全书·经部114》,上海古籍出版社1987年版,第149页)
② 为德:发挥其功能、作用。朱熹《中庸章句》:"为德,犹言性情功效。"
③ 体物而不可遗:阴阳二气是万物生成之本,其作用体现于万物中,世间万物无一可以离开它。郑玄注:"体,犹生也。可,犹所也。不有所遗,言万物无不以鬼神之气生也。"孔颖达疏:"体,犹生也;可,犹所也。言万物生而有形体,故云'体物而不可遗'者,言鬼神之道,生养万物,无不周遍而不有所遗,言万物无不以鬼神之气生也。"朱熹《中庸章句》:"鬼神无形与声,然物之终始,莫非阴阳合散之所为,是其为物之体,而物所不能遗也。"

【解读】

"用眼睛看它却看不见,用耳朵听它却听不到,但它又确实存在,成为万物之本并体现于万物中,世间万物无一可以离开它而存在。"

16.3 "使天下之人齐明盛服①,以承②祭祀。洋洋③乎!如在其上,如在其左右。"

【解读】

"天下的人都斋戒沐浴清净自身,穿着盛大庄重的服饰,祭祀鬼神。祭祀时,让人朦胧感觉到它好像无处不在!恍惚就在我们的头顶,又恍惚就在我们的左右。"

16.4 "《诗》④曰:'神之格思⑤,不可度⑥思!矧⑦可

---

① 齐(zhāi)明盛服:斋戒、沐浴,盛装打扮参加祭典。齐,通"斋",斋戒。明,洁净自身。盛服:盛装,即参加祭典的服饰。孔颖达疏:"明,犹洁也。言鬼神能生养万物,故天下之人齐戒明洁,盛饰衣服以承祭祀。"元代景星说:"齐明是内敬,盛服是外敬,言能使天下之人内外畏敬奉承而发见昭著如此。"(景星:《中庸集说启蒙》卷上,《钦定四库全书·经部198》,上海古籍出版社1987年版,第1037页)
② 承:承奉,侍奉,承当。
③ 洋洋:流动充满,让人朦胧感觉到它无处不在。郑玄注:"洋洋,人想思其傍僾之貌。"朱熹《中庸章句》:"洋洋,流动充满之意。能使人畏敬奉承,而发见昭著如此,乃其体物而不可遗之验也。孔子曰:'其气发扬于上,为昭明焄蒿悽怆。此百物之精也,神之著也',正谓此尔。"
④ 《诗》:"神之格思,不可度思,矧可射思。"引自《诗经·大雅·抑》,原为西周时卫武公讽刺厉王,亦以自警之诗。所引的这三句,主要是为说明鬼神之道与中庸之道相似,都是无形而能显扬昭著诚信。郑玄注:"言神之来,其形象不可亿度而知,事之尽敬而已,况可厌倦乎。"孔颖达疏:"诗人刺时人祭祀懈倦,故云神之来至,以其无形不可度知,恒须恭敬,况于祭祀之末可厌倦之乎?言不可厌倦也。"
⑤ 格思:格,来临,至。思,语气词,无义,下同。孔颖达疏:"格,来也;思,辞也。"
⑥ 度(duó):揣测、揣度。
⑦ 矧(shěn):况且、何况。郑玄注:"矧,况也。"

射①思!'"

【解读】

"《诗》说:'神的降临,不可揣测,我们怎么能够怠慢而不敬畏呢?'"

16.5 "夫②微之显,诚③之不可揜④如此夫。"

【解读】

"鬼神既看不见又听不到,非常隐微,但造化万物的功效非常显著。它真实无妄,无法遮掩。"

---

① 射(yì):通"斁",指厌倦、怠慢、懈怠。郑玄注:"射,厌也。"朱熹《中庸章句》:"射,厌也,言厌怠而不敬也。"

② 夫:发语词。

③ 诚:真实无妄。孔颖达疏:"言鬼神诚信,不可揜蔽。善者必降之以福,恶者必降之以祸。"朱熹《中庸章句》:"诚者,真实无妄之谓。阴阳合散,无非实者。故其发见之不可揜如此。"宋董铢说:"诚,实也。言鬼神是实有者,屈是实屈,伸是实伸,屈伸合散,无非实者,故其发见昭昭不可掩如此。"((宋)黎靖德:《朱子语类卷六十三·中庸二》,中华书局1986年版,第1544页)

④ 揜(yǎn):掩盖、隐匿。

94

第十七章

17.1　子曰:"舜其大孝也与①！德为圣人,尊为天子,富有四海之内。宗庙②飨③之,子孙保④之。"

【解读】

孔子说:"舜可算是最孝顺的人了吧？论德行已到了圣人的境界,论尊贵已到了天子的位置,论财富已达到拥有四海的地步。后世在宗庙祭祀他,子子孙孙永久保持着对他的祭祀。"

17.2　"故大德必得其位,必得其禄,必得其名,必得其寿。"

【解读】

"所以,有大德的人必定得到他应有的地位,必定得到他应得的厚禄,必定得到他应得的美名,必定得到他应得的寿数。"

---

① 与:同"欤",语气词。
② 宗庙:古代天子、诸侯祭祀先王祖先的地方。
③ 飨(xiǎng):一种祭祀形式,祭先王。之:代词,这里专指舜。
④ 保:承保、保持。郑玄注:"保,安也。"孔颖达疏:"舜禅与禹,何言保者,此子孙承保祭祀,故云'保'。周时陈国是舜之后。"

17.3 "故天之生物,必因其材而笃①焉。故栽者培②之,倾者覆③之。"

【解读】

"上天生养万物,必定根据它们的资质本性而厚待它们。所以,对可堪造就的就增益栽培,对自取灭亡的就加速覆败。"

17.4 "《诗》④曰:'嘉乐⑤君子,宪宪⑥令⑦德!宜民宜人,受禄于天;保佑命之,自天申⑧之!'"

【解读】

"《诗》说:'美善快乐的君子,有光明美好的德行,既适宜于在下位的人民,又适宜于在上位的君王,所以君子受到上天赐予的福禄。上天

---

① 必因其材而笃:材,质性、资质本性。笃,厚、厚待。郑玄注:"材,谓其质性也。笃,厚也。言善者天厚其福,恶者天厚其毒,皆由其本而为之。"孔颖达疏:"材谓质性也;笃,厚也。言天之所生,随物质性而厚之。善者因厚其福,舜、禹是也;恶者因厚其毒,桀、纣是也。故四凶黜而舜受禅也。"朱熹《中庸章句》:"笃,厚也。"

② 栽:栽培。培:增益。郑玄注:"栽犹殖也。培,益也。今时人名草木之殖曰'栽',筑墙立板亦曰'栽'。"孔颖达疏:"栽,殖也;培,益也。言道德自能丰殖,则天因而培益之。"朱熹《中庸章句》:"气至而滋息为培。"

③ 覆:覆,覆败,灭亡,倾覆。郑玄注:"覆,败也。"孔颖达疏:"若无德自取倾危者,天亦因而覆败之也。"朱熹《中庸章句》:"气反而游散则覆。"

④ 《诗》:"嘉乐君子,……"引自《诗经·大雅·假乐》,是一首歌颂周成王的诗。

⑤ 嘉乐:美善,快乐。即《诗经》之"假乐","假"通"嘉",意为美善。郑玄注:"《诗》本作'假',音同。假,嘉也,皇音加,善也。"朱熹《中庸章句》:"假,当依此作嘉。"

⑥ 宪宪:显明兴盛。《诗经》作"显显",郑玄注:"宪宪,兴盛之貌。"朱熹《中庸章句》:"宪,当依诗作显。"

⑦ 令:美好,善。

⑧ 申:重复,一再。朱熹《中庸章句》:"申,重也。"

保佑并任命他治理天下,重任在肩来自上天。'"

17.5 "故大德者必受命①。"

【解读】

"所以,有大德的人必定会承受天命。"

① 受命:接受上天的命令。孔颖达疏:"天乃保安佑助,命之为天子,又申重福之。作《记》者,引证大德必受命之义,则舜之为也。"程颐说:"'知天命',是达天理也。'必受命',是得其应也。命者是天之赋与,如命令之命,天之报应,皆如影响,得其报者是常理也;不得其报者,非常理也。然而细推之,则须有报应,但人以狭浅之见求之,便为差互。天命不可易也,然有可易者,唯有德者能之。"(程颢、程颐:《二程集·程氏遗书》卷十五,中华书局1981年版,第161页)朱熹《中庸章句》:"受命者,受天命为天子。"

第十八章

18.1 子曰:"无忧①者其惟文王②乎!以王季③为父,以武王④为子,父作之⑤,子述之⑥。"

【解读】

孔子说:"无忧无虑的人,大概只有文王吧!他有王季这样的父亲,

---

① 无忧:没有忧愁、忧虑。孔颖达疏:"言文王以王季为父,则王季能制作礼乐,文王奉而行之。文王以武王为子,武王又能述成文王之道,故'无忧'也。"程颢说:"文、武周公皆尽孝者也,所以父作子述而无忧者。"(程颢、程颐:《二程集·中庸解》,中华书局1981年版,第1156页)王夫之认为:"'忧'字有两义:有事不遂志而可忧者,在文王固有之,系传言'作易者其有忧患'之谓也;有事可为而不必劳其忧思者,则此言'无忧'是也。天命未至,人事未起,不当预计天下之何以治、何以教,而但守先德以俟。故武王之缵绪克商,周公之制礼作乐、忧勤以图成者,皆文王之所不为,而非其不足以体道之广,乃唯文王宜然耳。使武王、周公而亦犹是,则是忘天下,而道之不行不明也,无所托矣。自非文王,则道用本广,不得以惮于忧而置之也。"(王夫之:《读四书大全说》(卷二),中华书局2009年版,第117—118页)
② 文王:即周文王,姓姬,名昌,是周武王的父亲,西周奠基者。商纣时为西伯,建国于岐山之下,积善行仁,政化大行,因崇侯虎向纣王进谗言,而被囚于羑(yǒu)里,后得释归。益行善政,诸侯多归之,其子武王姬发有天下后,追尊他为文王。一说"文"是其生时之尊号。
③ 王季:周文王的父亲,史称季历,古公亶父的三儿子,又称公季。其兄太伯(也称泰伯)、虞仲(也称仲雍),太伯后来在太湖流域创建了吴国。季历继位后,承古公遗道,又与商贵族任氏通婚,积极吸收商文化,加强政治联系。在商王朝的支持下,他对周围戎狄部落大动干戈,不断扩张军事实力。商王文丁时,受封为"牧师",成为西方诸侯之长,享有征伐西部诸侯的权利。后因权重遭忌,为商王文丁所杀。及武王有天下,追尊为王季。
④ 武王:即周武王,文王之子。姓姬,名发,商朝末年嗣位为西伯。殷纣王无道,武王率诸侯败纣王于牧野,建立西周,定都镐京。在位十九年崩,谥号武王,庙号世祖,西周时代青铜器铭文常称其为斌王。一说"武"是其生时之尊号。
⑤ 父作之:指父亲王季为文王开创了基业。作:开创、创业。
⑥ 子述之:指儿子武王继承文王的遗志,完成一统大业。述:继承。郑玄注:"圣人以立法度为大事,子能述成之,则何忧乎?尧、舜之父子则有凶顽,禹、汤之父子则寡令闻。父子相成,唯有文王。"

98

有武王这样的儿子,父亲王季为他开创了事业,儿子武王继承了他的志向和德行。"

18.2　武王缵①大王②、王季、文王之绪③,壹戎衣④而有天下,身不失天下之显名。尊为天子,富有四海之内。宗庙飨之,子孙保之。

【解读】

武王继承了曾祖太王、祖父王季、父亲文王的事业,他一穿上甲胄讨伐殷商,就拥有了天下。他自身没有失掉天下显扬的美名,尊贵为天子,富裕到拥有四海之内的疆土。社稷宗庙祭祀他,子子孙孙永保周朝王业。

18.3　武王末受命⑤,周公⑥成文武之德,追王⑦大王、王

---

①　缵(zuǎn):继承。郑玄注:"缵,继也。"
②　大(tài)王:即太王古公亶父,王季之父,文王之祖父。太王是追王以后的称呼。
③　绪:事业,未竟之业。郑玄注:"绪,业也。"
④　壹(yī)戎衣:一穿上甲胄。郑玄注:"戎,兵也。衣读如'殷',声之误也。齐人言殷声如'衣',虞、夏、商、周氏者多矣。今姓有衣者,殷之胄与?'壹戎殷'者,壹用兵伐殷也。"孔颖达疏:"案《尚书·武成》云'一戎衣',谓一著戎衣而灭殷。此云'一'者,以经武王继大王、王季、文王三人之业,一用灭殷,对三人之业为'一'耳。由三人之业,故一身灭之。郑必以衣为'殷'者,以十一年观兵于孟津,十三年灭纣,是再著戎服,不得称'一戎衣',故'以衣为殷',故注云'齐人言殷声如衣'。"又据《尚书·康诰》有"殪(yì)戎殷"之说,"壹"同"殪",作"灭"解,"戎"作"大"解,即"灭大殷"解。朱熹《中庸章句》:"戎衣,甲胄之属。壹戎衣,武成文,言一著戎衣以伐纣也。"今从朱熹说。
⑤　末受命:晚年承受天命成为天子。末,老年、晚年,郑玄注:"末,犹老也。"受同"授"。
⑥　周公:姓姬名旦,周文王姬昌的第四子,周武王姬发的同母弟。因采邑在周,称为周公,亦称叔旦。武王崩,成王年幼,周公摄政,平定三监,制定礼乐,让位成王。周公是孔子一生最崇敬的古代圣人之一。
⑦　追王(wàng):追封……为王。"王"为动词。朱熹《中庸章句》:"追王,盖推文武之意,以及乎王迹之所起也。"就是追加太王、王季的王号。

99

季,上祀先公①以天子之礼。斯礼也,达②乎诸侯③大夫④,及士⑤庶人⑥。父为大夫,子为士,葬以大夫,祭以士。父为士,子为大夫,葬以士,祭以大夫。期之丧⑦达乎大夫,三年之丧⑧

---

① 先公:太王以前的周人的祖先,指古公亶父之父组绀上溯到始祖后稷的历代祖先。朱熹《中庸章句》:"先公,组绀以上至后稷也。"
② 达:到,至。
③ 诸侯:古代中央政权所分封的各国国君的统称。周代分公、侯、伯、子、男五等。周制,诸侯名义上需服从王室的政令,向王室朝贡、述职、服役,以及出兵勤王等。
④ 大(dà)夫:古代官职名。先秦诸侯国中,在国君之下有卿、大夫、士三级。大夫世袭,有封地。卿称上大夫,大夫称下大夫,一般泛称大夫。后世遂以大夫为一般任官职之称。
⑤ 士:周代级别最低的贵族阶层。春秋时士多为卿、大夫的家臣。春秋末年以后,逐渐成为统治阶级中知识分子的统称。战国时的"士",有著书立说的学士,有为知己者死的勇士,有懂阴阳历算的方士,有为人出谋划策的策士等,有的以食田为生,有的以俸禄为生。
⑥ 庶(shù)人:泛指无官爵的平民。周代以后对农业生产者的称呼,其地位次于士,而高于工、商、皂、隶。
⑦ 期(jī)之丧:居丧一周年的丧服。期,指一整年。此指旁系亲属的丧服。说大夫尚有一周年的丧服,则天子、诸侯已无此服。郑玄注:"谓旁亲所降在大功者,其正统之期,天子诸侯犹不降也。大夫所降,天子诸侯绝之不为服,所不臣乃服之也。承葬、祭说期、三年之丧者,明子事父以孝,不用其尊卑变。"孔颖达疏:"欲见大夫之尊,犹有期丧,谓旁亲所降在大功者,得为期丧,还著大功之服,故云'达乎大夫'。若天子、诸侯旁期之丧,则不为服也。"卫湜引蓝田吕氏吕大临说:"期之丧有二:有正统之期,为祖父母是也;有旁亲之期,为世父母、叔父母、众子、昆弟、昆弟之子是也。正统之期,虽天子诸侯莫敢降;旁亲之期,天子诸侯绝服,而大夫降,所谓尊不同,故或绝或降也。大夫虽降,犹服大功,不如天子诸侯之绝服,故曰'期之丧达乎大夫'也。如旁亲之期亦为大夫,则大夫亦不降,所谓尊同,则服其亲之服也。诸侯虽绝服旁亲,尊同亦不降。所不臣者犹服之,如始封之君不臣诸父昆弟,封君之子不臣诸父而臣昆弟是也。"(卫湜:《礼记集说》卷一百二十九,《钦定四库全书·经部114》,上海古籍出版社1987年版,第162页)
⑧ 三年之丧:此为父母的丧,故天子也得服。孔颖达疏:"谓正统在三年之丧,父母及嫡子并妻也。"吕大临说:"三年之丧为父为母,适孙为祖为长子为妻而已,天子达乎庶人一也。父在为母及妻,虽服期,然本为三年之丧,但为父为夫而屈者。故与齐衰期之余丧异者有三:服加杖,一也;十一月而练,十三月而祥,十五月而禫,二也;夫必三年而后娶,三也。父母之丧,则齐疏之服,饘粥之食,自天子达于庶人。盖子之事亲,所以自致其诚,不可以尊卑变也。"(卫湜:《礼记集解》卷一百二十九,《钦定四库全书·经部114》,上海古籍出版社1987年版,第162页)

达乎天子,父母之丧无贵贱一也。

【解读】

　　周武王晚年受天命成为天子,周公成就周文王与周武王的功德,追封太王、王季为王,用天子的礼仪祭祀太王以上的祖先。这种礼仪制度推广贯穿到诸侯、大夫、士以及庶民百姓之中:如果父亲是大夫,儿子是士,丧葬时就用大夫的礼安葬,祭祀时用士的礼节;如果父亲是士,儿子是大夫,丧葬时用士的礼节安葬,祭祀时用大夫的礼节;居丧一周年的丧服只执行到大夫;为父母服三年之丧的礼仪,从平民百姓一直通行到天子;为父母服丧,无论贵贱,服期都一样。

第十九章

19.1　子曰:"武王、周公,其①达孝②矣乎!"

【解读】

孔子说:"周武王和周公,大概普天下都公认他们是最孝的人了吧!"

19.2　"夫孝者,善继人之志,善述人之事者也。"

【解读】

"所谓孝:就是善于继承先人的遗志,善于完成先人未竟的事业。"

---

① 其:大概。
② 达孝:天下人都公认他们是孝子。达:通。程颢说:"追王之礼,下达于庶人;继志述事,上达乎祖,此之谓达孝。"(程颢、程颐:《二程集·中庸解》,中华书局1981年版,第1156页)朱熹《中庸章句》:"达,通也。承上章而言武王、周公之孝,乃天下之人通谓之孝,犹孟子之言达尊也。"宋真德秀说:"舜之孝,如天之不可名,故曰大;武王、周公之孝,天下称之无异辞,故曰达。"(卫湜:《礼记集解》卷一百二十九,《钦定四库全书·经部114》,上海古籍出版社1987年版,第178页)清张岱引姚承庵曰:"此'达孝'即承上章'达'字来。'孝'是人的庸德,人人所欲尽者。武王、周公缵绪成德,不特身尽其孝而达乎诸侯、大夫及士庶人,使皆得因分以自尽,则其孝是达之家国天下者,故夫子以'达孝'归之。"(张岱:《四书遇·达孝章》,浙江古籍出版社1985年版,第44页)

19.3 "春秋①修②其祖庙③,陈④其宗器⑤,设其裳衣⑥,荐⑦其时食⑧。"

【解读】

"每逢春秋祭祀时节,修缮先祖的宗庙,陈设祖先留存的重器,摆设祖先留下的衣裳,进献时令食品。"

19.4 "宗庙之礼,所以序昭穆⑨也;序爵⑩,所以辨贵贱

---

① 春秋:四季的代称。这里指祭祀祖先的时节。
② 修:打扫清洁之意。郑玄注:"修,谓扫粪也。"
③ 祖庙:祭祀祖先的宫庙。祖:在闽本、监本、石经本、南宋石经、岳本、嘉靖本、卫湜《礼记集说》中同用"祖",在毛本中用"宗",毛本或有误。朱熹《中庸章句》:"祖庙:天子七,诸侯五,大夫三,适士二,官师一。"
④ 陈:陈列、陈设。
⑤ 宗器:古代在宗庙祭祀时,所用的先人留存下来的祭祀器具。郑玄注:"宗器,祭器也。"朱熹《中庸章句》:"宗器,先世所藏之重器;若周之赤刀、大训、天球、河图之属也。"王夫之说:"宗器,先世所藏之重器,诸侯大夫亦固有之。章句云'若周之赤刀、大训'云云,举一周以例其余,故曰'若'。亦可云若鲁之宝玉、大弓,卫孔悝氏之鼎也。"(王夫之:《读四书大全说》(卷二),中华书局2009年版,第119页)
⑥ 裳衣:先人留下的衣服,即上衣下裳。郑玄注:"裳衣,先祖之遗衣服也,设之当以授尸也。"朱熹《中庸章句》:"裳衣,先祖之遗衣服,祭则设之以授尸也。"
⑦ 荐:进献。
⑧ 时食:四时的当令食品。郑玄注:"时食,四时祭也。"朱熹《中庸章句》:"时食,四时之食,各有其物,如春行羔、豚、膳、膏、香之类是也。"
⑨ 昭穆:古代宗庙中神主排列的次序,始祖居中,以下都是父亲为昭,儿子为穆,昭居左,穆居右,以别父子、长幼、亲疏秩序。朱熹《中庸章句》:"宗庙之次:左为昭,右为穆,而子孙亦以为序。有事于太庙,则子姓、兄弟、群昭、群穆咸在而不失其伦焉。"王夫之说:"谓以禘(dì)祫(xiá)序列祖宗昭穆之礼,行之于凡祭,以序助祭之同姓,乃通合祖之义以合族也。死者既各有庙,唯禘祫则合于太庙,以父南子北序之,此唯王侯之大享为然。而以此礼通诸合族之义,则自大享以达于时祭,自天子以达于士,自太庙以达于祢庙,苟其有同姓在助祭之列者,皆不复问其爵之有无、族之亲疏,而一以昭穆序之。"(王夫之:《读四书大全说》(卷二),中华书局2009年版,第119页)
⑩ 序爵:排列爵位的高低。序:次序。爵:爵位。郑玄注:"爵,谓公、卿、大夫、士也。"孔颖达疏:"序,谓次序;爵,谓公、卿、大夫、士也。谓祭祀之时,公、卿、大夫各以其爵位齿列而助祭祀,是'辨贵贱'也。故《文王世子》云'宗庙之中,以爵为位,崇德也。宗人授事以官,尊贤也'是也。"朱熹《中庸章句》:"爵,公、侯、卿、大夫也。"

也;序事①,所以辨贤②也;旅酬③下为上,所以逮贱④也;燕毛⑤,所以序齿⑥也。"

【解读】

"宗庙的礼仪,是用来排列左昭右穆辈分的顺序;排列爵位的高低,是用来分辨贵贱等级;排列祭祀时各职事的顺序,是用来辨别与凸显贤能之人;祭后众人轮流举杯劝酒时,晚辈为长辈举杯敬酒之礼,是为了让先祖的恩惠与光荣也泽及地位低贱者身上;祭祀结束后举行的宴会,

---

① 事:祭祀时宗祝有司的职事。郑玄注:"事,谓荐羞也。"孔颖达疏:"事谓荐羞也,序谓次序,所共祭祀之事,若司徒奉牛,司马奉羊,宗伯供鸡,是分别贤能,堪任其官也。"朱熹《中庸章句》:"事,宗祝有司之职事也。"

② 辨贤:辨别贤能。郑玄注:"'以辨贤'者,以其事别所能也。若司徒'羞牛',宗伯'共鸡牲'矣。《文王世子》曰:'宗庙之中,以爵为位,崇德也。'宗人授事以官,尊贤也。"王夫之认为:"辨者,昭著之义。以平日之量德授位,因能授职,至此而有事为荣,则以显贤者之别于不贤者;而堂室异地,贵贱异器,又以彰大贤者之殊于小贤也。上言'辨贵贱',亦是此意。不然,爵之贵贱,岂素无班序,而直待庙中始从而分别之哉?辨贤只是辨官,位事惟能,建官惟贤。贤也者,即位之谓也。"(王夫之:《读四书大全说》卷二,中华书局2009年版,第122页)

③ 旅酬:祭礼完毕后众亲宾一起宴饮,相互敬酒。旅,众人。酬:互相敬酒。朱熹《中庸章句》:"旅,众也。酬,导饮也。旅酬之礼,宾弟子、兄弟之子各举觯于其长而众相酬。"朱熹说:"酬,导饮也。主人酌以献宾,宾酌主人曰酢。主人又自饮,而复饮宾曰酬。其主人又自饮者,是导宾使饮也。"((宋)黎靖德:《朱子语类卷六十三·中庸二》,中华书局1986年版,第1557页)

④ 逮贱:先祖的恩惠光荣泽及卑下者。逮,及、及于。郑玄注:"逮贱者,宗庙之中,以有事为荣也。"孔颖达疏:"逮,及也。谓祭末饮酒之时,使一人举觯(zhì)之后,至旅酬之时,使卑者二人各举觯于其长者。卑下者先饮,是下者为上,贱人在先,是恩意先及于贱者,故云'所以逮贱也'。案《特牲馈食》之礼,主人洗爵,献长兄弟,献众兄弟之后,众宾弟子于西阶,兄弟弟子于东阶,各举觯于其长也。弟子等皆是下贱而得举觯,是有事于宗庙之中,是其荣也。又制受爵,是'逮贱'也。"朱熹《中庸章句》:"盖宗庙之中,以有事为荣,故逮及贱者,使亦得以申其敬也。"

⑤ 燕毛:宴饮时按毛发颜色确定长幼次序。燕同"宴",宴会。毛,头发,借指年龄。年龄与辈分有区别。郑玄注:"'燕',谓既祭而燕也。燕以发色为坐,祭时尊尊也,至燕亲亲也。"孔颖达疏:"祭末燕时,以毛发为次序,是所以序年齿也。故注云:'燕谓既祭而燕也。燕以发色为坐,祭时尊尊也,至燕亲亲也。'"朱熹《中庸章句》:"燕毛,祭毕而燕,则以毛发之色别长幼,为坐次也。齿,年数也。"

⑥ 齿:年龄。郑玄注:"齿,亦年龄。"朱熹《中庸章句》:"齿,年数也。"

则按头发颜色确定座位的上下,这是用来区分年龄大小的次序。"

19.5　"践其位①,行其礼,奏其乐,敬其所尊,爱其所亲,事死如事生,事亡如事存,孝之至也。"

【解读】

"在祭祀时,供奉好先王的牌位,举行先王流传下来的祭礼,演奏先王时代的音乐,敬重先王所尊敬的人,爱护先王所爱的子孙臣民,侍奉死者如同他在世一样,侍奉亡故的人如同他还活着一样,这是孝道的极致了。"

19.6　"郊社②之礼,所以事③上帝也;宗庙之礼,所以祀乎其先④也。明乎郊社之礼、禘⑤尝⑥之义,治国其如示诸掌⑦乎。"

---

① 践其位:供奉先王的牌位。践,升、登上。其,先王、先祖,与下文的"其"相同。位,牌位、神位。郑玄注:"践,犹升也。'其'者,其先祖也。践或为'缵'。"孔颖达疏:"践,升也,谓孝子升其先祖之位,行祭祀之礼也。"朱熹《中庸章句》:"践,犹履也。其,指先王也。"
② 郊社:周代祀天祭地的制度。冬至时,在国都南郊祭祀上天,称为"郊"。夏至时,在北郊祭地称为"社"。郑玄注:"社,祭地神也。"朱熹《中庸章句》:"郊,祀天。社,祭地。不言后土者,省文也。"
③ 事:奉事。
④ 先:祖先。
⑤ 禘(dì):古代帝王或诸侯在始祖庙里对祖先的一种盛大祭祀。五年一大祭,极为隆重,只有天子有权举办。朱熹《中庸章句》:"禘,天子宗庙之大祭,追祭太祖之所自出于太庙,而以太祖配之也。"
⑥ 尝:是宗庙四时祭祀之一。在秋天举行,以新谷物进献祖先。朱熹《中庸章句》:"尝,秋祭也。四时皆祭,举其一耳。礼必有义,对举之,互文也。"
⑦ 示诸掌:察看手掌上的东西,比喻及其容易。示同"视",形容很容易看清楚。郑玄注:"示读如'寘诸河干'之'寘'。寘,置也。物而在掌中,易为知力者也。"朱熹《中庸章句》:"示,与视同。视诸掌,言易见也。"今取朱熹之说。

【解读】

"郊外举行祭天地的礼仪,是用来侍奉上帝的;宗庙举行的礼仪,是用来祭祀自己的祖先的。如果明白了郊社祭天地之礼,通晓禘祭和尝祭的意义,那么治理国家就像察看自己手掌上的东西一样容易了。"

第二十章

20.1　哀公①问政。

【解读】

鲁哀公向孔子请教为政的道理。

20.2　子曰:"文武之政,布在方策②。其人存③,则其政举;其人亡,则其政息④。"

【解读】

孔子说:"周文王、武王的为政措施,都记载在方牍简策上面。如果周文王、周武王这样的贤人存在,则他们的为政措施就能实施;如果他们那样的人不在人世,他们的为政措施就会消失。"

---

①　哀公:春秋时鲁国国君。姓姬,名蒋,"哀"是谥号。是鲁国第二十六任君主。他为鲁定公儿子,在位27年。

②　布在方策:记载在典籍上。布,陈列、陈述。方,即方牍,把书写用的木板叫"方"。策,即简策,书写用的竹片叫"简",把编起来的竹简叫"策"。郑玄注:"方,板也。策,简也。"孔颖达疏:"文王武王为政之道,皆布列在于方牍简策。"

③　其人存:贤人存在。其人,如周文王、周武王这样的贤人。孔颖达疏:"'其人',谓贤人。举,犹行也。存,谓道德存在也。若得其人,道德存在,则能兴行政教,故云'举'也。"

④　息:熄灭,消失,不存。郑玄注:"息,犹灭也。"孔颖达疏:"息,灭也。其人若亡,谓道德灭亡,不能兴举于政教。若位无贤臣,政所以灭绝也。"

20.3 "人道敏政,地道敏树①。夫②政也者,蒲卢③也。"

【解读】

"以人施政的道理,在于使政教快速推行;以地种树的道理,在于使树木生长迅速。以人施政易见成效,如同地上蒲苇快速滋长一样。"

20.4 "故为政在人④,取人以身⑤,修身以道⑥,修道

---

① 人道敏政,地道敏树:敏,速也,勉也。郑玄注:"敏,犹勉也。树,谓殖草木也。人之无政,若地无草木矣。敏或为'谋'。"孔颖达疏:"'人道敏政'者,敏,勉也。言为人君当勉力行政。'地道敏树'者,树,殖草木也。言为地之道,亦勉力生殖也。人之无政,若地无草木。地既无心,云勉力者,以地之生物无倦,似若人勉力行政然也。"卫湜引蓝田吕氏吕大临的观点:"敏,速也。得于性之所宜,则其成也速。木之所以植,土性之所宜也;政之所以行,人性之所宜也。庸者,人道也。政不离于人道,则民之从之也。敏植木于地,则木之生也敏,故曰'人道敏政,地道敏树'。"(卫湜:《礼记集解》卷一百三十,《钦定四库全书·经部114》,上海古籍出版社1987年版,第181页)

② 夫(fú):文言发语词。

③ 蒲卢:即蒲苇。蒲苇性柔而具有可塑性。郑玄注:"蒲卢,蜾蠃,谓土蜂也。《诗》曰:'螟蛉有子,蜾蠃负之。'螟蛉,桑虫也。蒲卢取桑虫之子,去而变化之,以成为己子。政之于百姓,若蒲卢之于桑虫然。"孔颖达疏:"蒲卢,取桑虫之子以为己子。善为政者,化养他民以为己民,若蒲卢然也。"朱熹《中庸章句》:"蒲卢,沈括以为蒲苇是也。以人立政,犹以地种树,其成速矣,而蒲苇又易生之物,其成尤速也。言人存政举,其易如此。"今取朱熹之说。

④ 为政在人:为政之道在于得到贤人。郑玄注:"在于得贤人也。"孔颖达疏:"言君行善政,则民从之,故欲为善政者,在于得贤人也。"朱熹《中庸章句》:"为政在人,《家语》作'为政在于得人',语意尤备。人,谓贤臣。"卫湜引蓝田吕氏吕大临的话:"政者,所以变化其不为人者,使之为人而已。如蒲卢其非己者,使之如己而已。为政之要,主乎治人而已,故曰'为政在人'。"(卫湜:《礼记集解》卷一百三十,《钦定四库全书·经部114》,上海古籍出版社1987年版,第181页)

⑤ 取人以身:想得到贤人,先要修正己身。郑玄注:"取人以身,言明君乃能得人。"孔颖达疏:"明君欲取贤人,先以修正己身,则贤人至也。"卫湜引蓝田吕氏吕大临的话:"人道不远,取诸其身而已,故曰'取人以身'。亲其亲,长其长,而天下平,取诸身也;施诸己而不愿,亦勿施于人,取诸身也。"(卫湜:《礼记集解》卷一百三十,《钦定四库全书·经部114》,上海古籍出版社1987年版,第181页)

⑥ 修身以道:国君修养自身品德就要遵循天下的大道。道,天下人共有的大道。孔颖达疏:"言欲修正其身,先须行于道德也。"朱熹《中庸章句》:"身,指君身。道者,天下之达道。"卫湜引蓝田吕氏吕大临的话:"道者,人伦之谓也。非明此人伦,不足以反其身而万物之备也,故曰'修身以道'。"(卫湜:《礼记集解》卷一百三十,《钦定四库全书·经部114》,上海古籍出版社1987年版,第181页)

以仁①。"

【解读】

"所以,为政之道全在于得到贤人,国君要取得贤人,就要先修养自身品德,修养自身品德就要遵循天下的大道,遵循天的大道取决于人的仁义之心。"

20.5　"仁者人也②,亲亲③为大;义者宜也④,尊贤⑤为大。亲亲之杀⑥,尊贤之等⑦,礼所生也⑧。"

---

① 修道以仁:道修得如何取决于仁。仁,万物得于天的自然的本性。孔颖达疏:"言欲修道德,必须先修仁义。"朱熹《中庸章句》:"仁者,天地生物之心,而人得以生者,所谓元者善之长也。"卫湜引蓝田吕氏吕大临的话:"非有恻怛之诚心,尽至公之全体,不足以修人伦而极其至也,故曰:'修道以仁'。夫人立乎天地之中,其道与天地并立而为三者也。其所以异者,天以阴阳,地以柔刚,人以仁义而已。所谓道者,合天地人而言之;所谓仁者,合天地之中所谓人者而言之。非梏乎有我之私也。故非有恻怛之诚心尽至公之全体,不可谓之仁也。"(卫湜:《礼记集解》卷一百三十,《钦定四库全书·经部114》,上海古籍出版社1987年版,第181—182页)王夫之说:"修者,品节之谓:以道为准,而使身得所裁成;以仁为依,而使道得所存主也。"(王夫之:《读四书大全说》(卷三),中华书局2009年版,第129页)

② 仁者人也:仁就是与人互相亲爱。郑玄注:"人也,读如相人偶之'人'。以人意相存问之言。"孔颖达疏:"仁谓仁爱相亲偶也。言行仁之法,在于亲偶。欲亲偶疏人,先亲己亲,然后比亲及疏,故云'亲亲为大'。"朱熹《中庸章句》:"人,指人身而言。具此生理,自然便有恻怛慈爱之意,深体味之可见。"《孟子·尽心章句下》说:"仁也者,人也。"(朱熹:《四书章句集注》,中华书局1986年版,第367页)《礼记·表记》说:"仁者,人也。"((清)朱彬:《礼记训纂》,中华书局1998年版,第784页)"仁"从二人,为人相遇之道,故古书多以"人"解释"仁"。这就是说仁是做人的根本原则。

③ 亲亲:前一个"亲"是动词,亲近,亲爱。后一个"亲"是名词。亲人。就是亲爱自己的亲人。

④ 义者宜也:义就是做事得其所宜。孔颖达疏:"宜,谓于事得宜,即是其义,故云'义者宜也'。"朱熹《中庸章句》:"宜者,分别事理,各有所宜也。"

⑤ 尊贤:尊敬贤者。

⑥ 亲亲之杀(shài):亲爱亲人而有亲疏之别。杀:等差,等级。孔颖达疏:"五服之节,降杀不同,是亲亲之衰杀。"

⑦ 尊贤之等:尊敬贤人而有等级之差。孔颖达疏:"公卿大夫,其爵各异,是'尊贤之等'。"

⑧ 礼所生也:这是礼仪产生的根源。孔颖达疏:"礼者所以辨明此上诸事,故云'礼所生也'。"宋代卫湜引蓝田吕氏曰:"亲亲之中,父子首足也,夫妻判合也,昆弟四体也,其情不能无杀也;尊贤之中,有师也,有友也,有事我者也,其待之不能无等也;因是等杀之别,节文所由生,礼之谓也。"(卫湜:《礼记集解》卷一百三十,《钦定四库全书·经部114》,上海古籍出版社1987年版,第182页)

【解读】

"所谓仁,就是人与人之间互相亲爱,以亲爱自己的亲人为最大的仁。所谓义,就是做事得其所宜,而以尊重贤人为最大的义。亲爱亲人又有远近亲疏之别,尊敬贤人有贵贱等级之差,这是礼仪产生的根源。"

20.6 "在下位不获乎上,民不可得而治矣①!"

【解读】

"处于下位的人臣,没有得到在上位者的信任,民众就不可能治理好!"

20.7 "故君子不可以不修身;思修身,不可以不事亲;思事亲,不可以不知人;思知人,不可以不知天。"

【解读】

"所以君子不可以不修养自身品德,要修养自身品德,就不能不侍奉父母双亲;想要侍奉父母双亲,就不能不了解人性;想要了解人性,就不能不了解天命。"

20.8 天下之达道②五,所以行之者三:曰君臣也,父子

---

① 在下位不获乎上,民不可得而治矣:从上下文看这句是衍文。郑玄注:"此句其属在下,著脱误重在此。"朱熹《中庸章句》:"郑氏曰:'此句在下,误重在此'。"

② 达道:古今通行不变的常道。郑玄注:"达者常行,百王所不变也。"孔颖达疏:"五者,谓君臣、父子、夫妇、昆弟、朋夫之交,皆是人间常行道理,事得开通,故云'达道也'。"张载说:"天下之达道五,其生民之大经乎!经正则道前定,事豫立,不疑其所行,利用安身之要莫先焉。"(章锡琛点校:《张载集·正蒙·至当》,中华书局1985年版,第34页)程颢说:"天下古今之所共由,谓之达道。所谓达道者,天下古今之所共行。"(程颢、程颐:《二程集·中庸解》,中华书局1981年版,第1156页)朱熹《中庸章句》:"达道者,天下古今所共由之路。即书所谓五典,孟子所谓'父子有亲,君臣有义,夫妇有别,长幼有序,朋友有信'是也。"宋代卫湜引蓝田吕氏曰:"天下古今之所共谓之达。所谓达道者,天下古今之所共行。"(卫湜:《礼记集解》卷一百三十,《钦定四库全书·经部114》,上海古籍出版社1987年版,第194页)引建安游氏曰:"人伦,天下所共由也,故谓之达道。"(卫湜:《礼记集解》卷一百三十,《钦定四库全书·经部114》,上海古籍出版社1987年版,第194页)引陵胡氏曰:"君臣、父子、夫妇、昆弟、朋友五者人伦之大端,百王不易之道,可通行于天下,故曰达道。"(卫湜:《礼记集解》卷一百三十,《钦定四库全书·经部114》,上海古籍出版社1987年版,第197页)引永康陈氏曰:"无所不通谓之达,天下共由之谓达道。"(卫湜:《礼记集解》卷一百三十,《钦定四库全书·经部114》,上海古籍出版社1987年版,第199页)

也,夫妇也,昆弟也①,朋友之交也:五者天下之达道也。知、仁、勇三者②,天下之达德③也,所以行之者一④也。

【解读】

天下古今通行不变的常道有五条,用来实行这五条准则需要具有

---

① 昆弟:兄和弟,也包括堂兄堂弟。

② 知、仁、勇三者:智慧、仁爱、勇气。张载说:"知、仁、勇,天下之达德,虽本之有差,及其所以知之成之则一也。盖谓仁者以生知、以安行此五者,智者以学知、以利行此五者,勇者以困知、以勉强行此五者。"(章锡琛点校:《张载集·正蒙·中正》,中华书局1985年版,第29页)程颐说:"大凡于道,择之则在乎智,守之则在乎仁,断之则在乎勇。人之于道,只是患在不能守,不能断。"(程颢、程颐:《二程集·程氏遗书》卷十五,中华书局1981年版,第170页)朱熹《中庸章句》:"知,所以知此也;仁,所以体此也;勇,所以强此也。"宋代卫湜引海陵胡氏曰:"博通物理谓之知,广爱无私谓之仁,果于行事谓之勇。"(卫湜:《礼记集解》卷一百三十,《钦定四库全书·经部114》,上海古籍出版社1987年版,第197页)引新定顾氏曰:"知,知道之至者也,人而好学,则足以知此道当适从,虽未能尽知,而近乎知矣。仁,体道之纯者也,人而力行,则其所学行于日用,虽未必纯乎道,而道与身不为二物,故近于仁。勇,无所阻挠者也,人而知耻,则断不为不善,夫于不善断有所不为,虽未必尽勇,而近乎勇矣。"(卫湜:《礼记集解》卷一百三十,《钦定四库全书·经部114》,上海古籍出版社1987年版,第202页)

③ 达德:古今共同采取的美德。孔颖达疏:"言知、仁、勇,人所常行,在身为德,故云'天下之达德也'。言百王用此三德以行五道。五事为本,故云'道';三者为末,故云'德'。若行五道,必须三德。无知不能识其理,无仁不能安其事,无勇不能果其行,故必须三德也。"程颢说:"所谓达德者,天下古今之所共有。"(程颢、程颐:《二程集·中庸解》,中华书局1981年版,第1156页)朱熹《中庸章句》:"谓之达德者,天下古今所同得之理也。"宋代卫湜引海陵胡氏曰:"无知则不足以知事之是非,无仁则不能行知,无勇则不能果敢而行。三者皆人之性,内得于心谓之德,可以通行于天下,故曰达德。"(卫湜:《礼记集解》卷一百三十,《钦定四库全书·经部114》,上海古籍出版社1987年版,第197页)王夫之说:"达德者,人之所得于天也,以本体言,以功用言,而不以成德言。"(王夫之:《读四书大全说》(卷三),中华书局2009年版,第130页)

④ 所以行之者一:实行这五道三德的方法都是基于一个"诚"字。孔颖达疏:"言百王以来,行此五道三德,其义一也,古今不变也。"朱熹《中庸章句》:"一则'诚'而已矣。达道虽人所共由,然无是三德,则无以行之;达德虽人所同得,然一有不诚,则人欲间之,而德非其德矣。程子曰:'所谓诚者,止是诚实此三者。三者之外,更别无诚。'"卫湜引建安真氏真德秀的话:"一者,诚也。三者皆真实而无妄,是之谓诚。德至于诚,则以之为君必尽君道,以之谓臣必尽臣道。处夫妇、昆弟、朋友之间,无不尽其道者矣。"(卫湜:《礼记集解》卷一百三十,《钦定四库全书·经部114》,上海古籍出版社1987年版,第201页)

三种美德,这五条常道就是:君臣之道、父子之道、夫妇之道、兄弟之道、朋友交往之道,这五项是天下通行的常道;智慧、仁爱、勇气这三项,是天下人共同采取的美德。实行这五道三德的方法都是基于一个"诚"字。

20.9 或生而知之,或学而知之,或困而知之①,及其知之一也;或安而行之②,或利而行之③,或勉强而行之④,及其成功一也⑤。

① 困而知之:遭遇困惑挫折后在实践中知道这些道理。郑玄注:"困而知之,谓长而见礼义之事,己临之而有不足,乃始学而知之,此'达道'也。"孔颖达疏:"或困而知之,谓临事有困,由学乃知。"
② 安而行之:人无所求、自然而然的安静实践。孔颖达疏:"安而行之,谓无所求为,安静而行之。"
③ 利而行之:有利可图而去实践。利:利益。郑玄注:"利,谓贪荣名也。"孔颖达疏:"或利而行之,谓贪其利益而行之。行此五事,得其荣名,于己无害,则'利而行之'也。故《论语》云'知者利仁'是也。"
④ 勉强而行之:勉勉强强的强制自己去实践。郑玄注:"'勉强',耻不若人。"孔颖达疏:"或勉强而行之,或畏惧罪恶,勉力自强而行之。"
⑤ 成功一也:最终所获得的成就是一样的。孔颖达疏:"虽行之有异,及其所行成功,是一也,言皆得成功矣。皇氏云:'所知、所行,谓上五道三德。'今谓百行皆然,非唯三五而已也。"朱熹《中庸章句》:"知之者之所知,行之者之所行,谓达道也。以其分而言:则所以知者知也,所以行者仁也,所以至于知之成功而一者勇也。以其等而言:则生知安行者知也,学知利行者仁也,困知勉行者勇也。盖人性虽无不善,而气禀有不同者,故闻道有蚤莫,行道有难易,然能自强不息,则其至一也。吕氏曰:'所入之涂虽异,而所至之域则同,此所以为中庸。若乃企生知安行之资为不可几及,轻困知勉行谓不能有成,此道之所以不明不行也。'"程颢说:"求之有三,知之则一。行之有三,成功则一。所入之途,则不能不异;所至之域,则不可不同。故君子论其所至,则生知与困知,安行与勉行,未始有异也。既不有异,是乃所以为中庸。若乃企生知安行之资为不可几及,轻困知勉行为不能有成,此道之所以不明不行,中庸之所以难久也。愚者自是而不求,自私者以天下非吾事,懦者甘为人下而不辞。有是三者,欲修之身,未之有也。故好学非知,然足以破愚;力行非仁,然足以忘私;知耻非勇,然足以起懦。知是三者,未有不能修身者也。天下之理,一而已。"(程颢、程颐:《二程集·中庸解》,中华书局2011年版,第1156—1157页)

【解读】

对于这些道理,有的人生来就知道这些道理,有的人是经过后天学习才知道这些道理,还有的人是遭遇困惑挫折后在实践中知道这些道理;等到他们明白了这些道理,其所知的结果都是一样的。有的人自然而然地因循本性实践这些人伦之道,有的人因为有利可图而去实践这些,有的人是勉勉强强地强制自己去实践这些,等到实践了这些,最终所获得的成就是一样的。

20.10 子曰①:"好学近乎知②,力行近乎仁,知耻近乎勇。"

【解读】

孔子说:"爱好学习就与智慧接近了,能够身体力行就与仁德接近了,知道羞耻就与勇敢接近了。"

20.11 "知斯三者,则知所以修身;知所以修身,则知所以治人;知所以治人,则知所以治天下国家矣。"

【解读】

"知道了这三者,就知道如何修养自身了;知道如何修养自身,就知道如何治理众人了;知道如何治理众人,就知道如何治理天下国家了。"

---

① 子曰:朱熹认为这两个字是衍文。
② 好学近乎知:爱好学习就与智慧接近了。好(hào):喜欢,爱好。知:同"智"。孔颖达疏:"好学近乎知者,覆前文'或学而知之',覆能好学,无事不知,故云'近乎知'也。"

20.12 凡为①天下国家有九经②,曰:修身也,尊贤也,亲亲也,敬大臣也,体群臣③也,子庶民④也,来百工⑤也,柔远人⑥也,怀⑦诸侯也。

【解读】

凡是治理天下国家有九条准则。那就是:修养自身,尊崇贤人,亲近爱护亲人,敬重大臣,体恤群臣,爱民如子,招徕各种工匠,招抚远方异族的人,安抚各国诸侯。

---

① 为:治理。
② 九经:九条准则,九条大纲,九条定理。经,准则。朱熹《中庸章句》:"经,常也。"元代景星说:"敬大臣、体群臣、怀诸侯,自尊贤上来,子庶民、来百工、柔远人,自亲亲上来,亲亲,尊贤之本,又从修身上来;故以修身为九经之本。经者,其道有常而不可易。故曰常,即所谓庸也。"(景星:《中庸集说启蒙》(卷下),《钦定四库全书·经部198》,上海古籍出版社1987年版,第1054页)程颢说:"此章言庸行。至于九经,尽矣。自知天至于九经,无精粗之别必备,乃所以为常道。经者,百世所不变也,九经之用,皆本于德怀,无一物不在所抚,而刑有不与焉。修身,九经之本。必亲友,然后修身之道进,故次之以尊贤。道之所进,莫先其家,故次之以亲亲。由亲亲以及朝廷,故敬大臣,体就、群臣。由朝廷以及其国,故子庶民,来百工。由其国以及天下,故柔远人,怀诸侯。此九经之序。"(程颢、程颐:《二程集·中庸解》,中华书局2011年版,第1157页)
③ 体群臣:体恤群臣。体:体察,体恤。郑玄注:"体,犹接纳也。"程颐说:"'体群臣'者,体察也,心诚求之,则无不察矣,忠厚之至也。故曰:'忠信重禄,所以劝士。'言尽其忠信而厚其禄食,此所以劝士也。"(程颢、程颐:《二程集·程氏遗书》卷十一,中华书局2011年版,第126页)朱熹《中庸章句》:"体,谓设以身处其地而察其心也。"
④ 子庶民:爱平民为如子。子:动词,爱……如子。庶民:平民。郑玄注:"子,犹爱也。"朱熹《中庸章句》:"子,如父母之爱其子也。"
⑤ 来百工:招来各种工匠。来:招来,招徕。百工:各种工匠,西周时对各种手工业工匠的总称。
⑥ 柔远人:招抚远方异族之人。柔:怀柔,招抚。远人:远方异族之人,泛指四方蕃国。郑玄注:"远人蕃国之诸侯也。"朱熹《中庸章句》:"柔远人,所谓无忘宾旅者也。"
⑦ 怀:安抚,绥靖。

20.13　修身则道立,尊贤则不惑①,亲亲则诸父昆弟不怨,敬大臣则不眩②,体群臣则士之报礼重③,子庶民则百姓劝④,来百工则财用足,柔远人则四方归之,怀诸侯则天下畏之。

【解读】

修养自身,就能树立起正道;尊崇贤人,遇到事情就不会迷惑;亲近爱护亲人,叔伯兄弟们就不会有怨恨;敬重大臣,遇事就不会困惑;体恤群臣,士人群臣感恩报答知遇之恩而尊重君上;爱民如子,老百姓就会互相劝勉侍奉君上;招徕各种工匠,国家财物用度就会充足;招抚远方异族的人,四方民众就会来归顺;能安抚各国诸侯,天下的人就会敬畏了。

---

① 不惑:不被迷惑。郑玄注:"'不惑',谋者良也。"孔颖达疏:"以贤人辅弼,故临事不惑,所谋者善也。"程颢说:"礼仪由贤者出,尊贤则不为异端所惑。"(程颢、程颐:《二程集·中庸解》,中华书局2011年版,第1157页)朱熹《中庸章句》:"不惑,谓不疑于理。"

② 不眩(xuàn):不困惑于事情。眩:眼花,引申为迷惑。郑玄注:"不眩,所任明也。"孔颖达疏:"眩,亦惑也,以恭敬大臣,任使分明,故于事不惑。前文不惑,谋国家大事,此云'不眩',谓谋国家众事,但所谋之事,大小有殊,所以异其文。"程颢说:"大臣,人所瞻仰,所以取法,非其人,黜之可也。在其位,不可不敬,不敬则民眩,不知所从。"(程颢、程颐:《二程集·中庸解》,中华书局2011年版,第1157页)朱熹《中庸章句》:"不眩,谓不迷于事。敬大臣则信任专,而小臣不得以间之,故临事而不眩也。"宋代卫湜引海陵胡氏曰:"敬大臣则不眩者,大臣尽忠竭节,以事其上,贤不肖乃分辨,故上之瞻视,无所眩惑。"(卫湜:《礼记集解》卷一百三十一,《钦定四库全书·经部114》,上海古籍出版社1987年版,第213页)

③ 报礼重:感恩报答国君知遇之恩而尊重君上。孔颖达疏:"群臣虽贱,而君厚接纳之,则臣感君恩,故为君死于患难,是'报礼重'也。"

④ 劝:劝勉,勉力,努力。

20.14　齐明盛服①,非礼不动,所以修身也;去谗远色②,贱货而贵德,所以劝贤也;尊其位,重其禄,同其好恶③,所以劝亲亲也;官盛任使④,所以劝大臣也;忠信重禄⑤,所以劝士也;时使薄敛⑥,所以劝百姓也;日省月试⑦,既禀称事⑧,所以

---

①　齐(zhāi)明盛服:清净内心,穿着盛大庄重的服饰。齐明:斋戒和沐浴,清净内心。齐,通"斋",斋戒。明,洁净内心。盛服:盛装,即参加祭典的服饰。孔颖达疏:"'齐明盛服'者,齐,谓整齐;明,谓严明;盛服,谓正其衣冠:是修身之体也。此等'非礼不动',是所以劝修身。"元代景星说:"齐是齐其思虑,明是明洁其心,齐明以一其内,盛服以肃其外,是内外交养。'齐明盛服'是静而未接事之时,'非礼不动'是动而已接事之时,是动静交养如此,所以为修身之要。此二句正是存养省察工夫,即首章戒惧慎独之事,《论语》四'勿',此止言'不动','动'之一字总一身而言,视听言皆在其中。"(景星:《中庸集说启蒙》卷下,《钦定四库全书·经部198》,上海古籍出版社1987年版,第1056页)

②　去谗(chán)远(yuàn)色:远离进谗言的人,避开巧言令色之人。谗:说别人的坏话,这里指说坏话的人。远:避开。

③　同其好(hào)恶(wù):奖励与惩罚应有相同的标准。郑玄注:"不特有所好恶于同姓,虽恩不同,义必同也。尊重其禄位,所以贵之,不必授以官守,天官不可私也。"孔颖达疏:"'同其好恶',好,谓庆赏,恶,谓诛罚。言于同姓既有亲疏,恩亲虽不同,义必须等,故不特有所好恶。"

④　官盛任使:职属众多,便于差遣。盛,多。任使,足够使用。郑玄注:"大臣皆有属官所任使,不亲小事也。"孔颖达疏:"官盛,谓官之盛大。有属臣者,当令任使属臣,不可以小事专劳大臣。大臣怀德,故云所以劝大臣也。"程颢说:"官盛任使,如注说。注云:大臣皆有属官,所任使,不亲小事也。待之以忠信,养之以厚禄,士无有不劝者也。"(程颢、程颐:《二程集·中庸解》,中华书局2011年版,第1157页)朱熹《中庸章句》:"官盛任使,谓官属众盛,足任使令也,盖大臣不当亲细事,故所以优之者如此。"

⑤　忠信重禄:郑玄注:"'忠信重禄',有忠信者,重其禄也。"朱熹《中庸章句》:"忠信重禄,谓待之诚而养之厚,盖以身体之,而知其所赖乎上者如此也。"

⑥　时使薄(bó)敛:适时役使百姓,轻征赋税。时使,指使用百姓劳役有一定时间,不误农时。薄敛,赋税轻。郑玄注:"'时使',使之以时,日省月试,考校其成功也。"

⑦　日省(shěng)月试:每日观察每月考核。省:省察。试,考核。孔颖达疏:"言在上每日省视百工功程,每月试其所作之事。"

⑧　既(xì)禀(lǐn)称(chèng)事:要使付出与所得相称。既即"饩",指赠送别人粮食或饲料。禀:闽本、监本、毛本及石经本、岳本、嘉靖本、卫湜《礼记集说》同用"廪",《释文》用"禀"。禀,给予粮食。称,符合。郑玄注:"'既'读为'饩','饩廪',稍食也。"孔颖达疏:"既廪,谓饮食、粮廪也。言在上每日省视百工功程,每月试其所作之事,又饮食粮廪,称当其事,功多则廪厚,功小则饩薄,是'所以劝百工也'"。朱熹《中庸章句》:"既,读曰饩,饩廪,稍食也。称事,如《周礼》稾人职曰'考其弓弩,以上下其食'是也。往则为之授节以送之,来则丰其委积以迎之。"

劝百工也；送往迎来，嘉善而矜①不能，所以柔远人也；继绝世②，举废国③，治乱持④危，朝聘⑤以时，厚往而薄来⑥，所以怀诸侯也。

【解读】

　　斋戒沐浴清净自身，穿着盛大庄重的服饰，不符合礼仪的事坚决不做，这是用来修养自身的方法；远离进谗言的人，防备巧言令色之徒，轻视财物而重视道德，这是用来劝勉鼓励贤人的方法；尊崇亲族的地位，给他们以丰厚的俸禄，奖励与惩罚应有相同的标准，这是用来劝勉亲人的方法；职属众多，任其差遣，这是用来劝勉大臣的方法；真心诚意地任用他们，并给以优渥的俸禄，这是用来劝勉士人的方法；适时役使百姓，轻征赋税，这是用来劝勉百姓的方法；每日观察每月考核，使付出与所得相称，这是用来劝勉工匠的方法；来时欢迎，去时欢送，嘉奖行善的人，同情能力不足的人，这是用来怀柔远方的人的方法；延续已经中断的家庭世系，复兴已经没落的邦国，治理内乱，扶持危亡，按时举行朝聘之礼，赏赐丰厚，接受的贡物要微薄，这是用来安抚诸侯的方法。

20.15　凡为天下国家有九经，所以行之者一⑦也。

---

① 矜(jīn)：怜悯，同情。
② 继绝世：延续已经中断的家庭世系。
③ 举废国：复兴已经没落的邦国。
④ 持：扶持。
⑤ 朝(cháo)聘：诸侯定期朝见天子。每年一见叫小聘，三年一见叫大聘，五年一见叫朝聘。朱熹《中庸章句》："朝，谓诸侯见于天子。聘，谓诸侯使大夫来献。王制'比年一小聘，三年一大聘，五年一朝'。"
⑥ 厚往而薄来：程颢说："厚往薄来，不为归己者，厚也。一说，谓燕赐厚而纳贡薄。"（程颢、程颐：《二程集·中庸解》，中华书局 2011 年版，第 1157 页）
⑦ 所以行之者一：用来实现这些准则的条件都是就是一个"诚"字。郑玄注："一，谓当豫也。"程颢说："一以贯九者诚也，故其下论诚。"（程颢、程颐：《二程集·中庸解》，中华书局 2011 年版，第 1157 页）朱熹《中庸章句》："一者，诚也。一有不诚，则是九者皆为虚文矣，此九经之实也。"同意朱熹的说法。宋卫湜的《礼记集说》中所引学者蓝田吕氏、建安游氏、延平杨氏、山阴陆氏、海陵胡氏、宣城奚氏都认为"一"谓"诚"也。

【解读】

总而言之,治理天下国家有九条准则,用来实现这些准则的条件就是一个"诚"字。

20.16　凡事豫①则立,不豫则废。言前定则不跲②,事前定则不困③,行前定则不疚④,道前定则不穷。

---

① 豫:同"预",事先有准备。张载说:"事豫则立,必有教以先之;尽教之善,必精义以研之。精义入神,然后立斯立、动斯和矣。"(章锡琛点校:《张载集·正蒙·中正》,中华书局1985年版,第29页)程颢说:"豫,谓成己素定也。成而素定,非诚而何? 有诸己之谓信。无信不立,有信不废。如诚有之,何往而不可? 言前定,如宰我、子贡以说辞成。事前定,如冉有、季路以政事成。行前定,如颜渊、仲弓以德成。道前定,如孔子之集大成。此章论在事之诚。"(程颢、程颐:《二程集·中庸解》,中华书局2011年版,第1158页)朱熹《中庸章句》:"豫,素定也。"卫湜引蓝田吕氏吕大临说:"豫,素定也。素定者,先事而劳,事至而佚,既佚则且无所事其忧;不素定者,先事而佚,事至而忧,而亦无所及于事。寇将至则为干橹,水将至则为隄防,其为不亡者,幸也。故素定者,事皆有成,言有成说,事有成业,行有成德,道有成理,用而不括,动而有功。所谓精义入神以致用,则精义者,豫之谓也。能定然后能应。能定者,豫之谓也。拟之而后言,议之而后动,拟议以成其变化,则拟议者,豫之谓也。致用也,能应也,成变化也,此所以无跲、困、疚、穷之患也。"(卫湜:《礼记集解》卷一百三十一,《钦定四库全书·经部114》,上海古籍出版社1987年版,第220页)王夫之说:"'豫'之为义,自与'一'不同。一者,诚也;诚者,约天下之理而无不尽,贯万事之中而无不通也。豫则凡事有凡事之豫,而不啻一矣;素定一而以临事,将无为异端之执一耶? 一者,彻乎始终而莫不一。豫者,修乎始而后遂利用之也。一与豫既不可比而同之,则横渠之说为不可易矣。"(王夫之:《读四书大全说》(卷三),中华书局2009年版,第134页)

② 跲(jiá):绊倒,这里指说话不流畅。郑玄注:"跲,踬(zhì)也。"孔颖达疏:"'言前定则不跲'者,案《字林》:'跲,踬也。'踬谓行倒蹶也。将欲发言,能豫前思定,然后出口,则言得流行,不有踬蹶也。"

③ 困:陷入困境。孔颖达疏:"困,乏也。言欲为事之时,先须豫前思定,则临事不困。"卫湜引海陵胡氏胡瑗曰:"困者,临事不通之辞。凡事或施之一身,或施之一家,或施之一国,或施之天下,皆当豫定,则无有不通。"(卫湜:《礼记集解》卷一百三十一,《钦定四库全书·经部114》,上海古籍出版社1987年版,第221页)

④ 疚:病也,出毛病,差错。孔颖达疏:"疚,病也。言欲为行之时,豫前思定,则行不疚病。"

【解读】

任何事情,事先筹划就能成功,没有事先谋划就会失败。发言前先想定要说的话,表达就不会不流畅;做事先有准备,就不会陷入困境;行动前做好准备,就不会发生差错;前进方向预先定好路线,就不会走投无路。

20.17 在下位不获乎上①,民不可得而治矣。获乎上有道:不信乎朋友,不获乎上矣。信乎朋友有道:不顺乎亲,不信乎朋友矣。顺乎亲有道:反诸身不诚②,不顺乎亲矣。诚身有道:不明乎善③,不诚乎身矣④。

【解读】

处于下位的人臣,没有获得在上位者的认可和信任,老百姓就不可能治理好的;得到在上位者认可和信任是有规律可循的:如果不能得到朋友的信任,就得不到在上位者的认可和信任;得到朋友的信任是有规

---

① 不获乎上:不能获得上级的信任。获:得到,获得。郑玄注:"获,得也。言臣不得于君,则不得居位治民。"孔颖达疏:"获,得也。言人臣处在下位,不得于君上之意,则不得居位以治民,故云'民不可得而治矣'"。

② 反诸身不诚:反省自己不够真诚。孔颖达疏:"言欲顺乎亲,必须有道,反于己身,使有至诚。若身不能至诚,则不能'顺乎亲矣'。"朱熹《中庸章句》:"反诸身不诚,谓反求诸身而所存所发,未能真实而无妄也。"宋吕焘说:"反诸身,是反求于心;不诚,是不曾实有此心。如事亲以孝,须是实有这孝之心。若外假为孝之事,里面却无孝之心,便是不诚矣。"((宋)黎靖德:《朱子语类卷六十四·中庸三》,中华书局1986年版,第1563页)

③ 不明乎善:不明白什么是善。程颢说:"明善者,能明其善而已。如明仁义,则知凡在我者,以何为仁,以何为义。能明其情状,而知所从来,则在我者,非徒说之而已。在吾身诚有是善,故所以能诚其身。"朱熹《中庸章句》:"不明乎善,谓未能察于人心天命之本然,而真知至善之所在也。"(程颢、程颐:《二程集·中庸解》,中华书局2011年版,第1158页)

④ 这一段与《孟子·离娄上》中一段基本相同。到底是《中庸》引《孟子》还是《孟子》引《中庸》,不好断定。张岱年先生《中国哲学史料学》认为是《孟子》引《中庸》。

律可循的：如果不能孝顺父母亲人，就得不到朋友的信任；孝顺父母也有规律可循的：如果反省自己有不够真诚之处，就不能孝顺父母亲人了；反省而诚也是有规律可循的：如果不明白什么是善，就不能够使自己具备诚的品格。

20.18　诚者①，天之道也；诚之者②，人之道也。诚者不勉而中③，不思而得，从容中道，圣人也。诚之者，择善而固执之者④也。

①　诚者：至诚，真诚，诚心。郑玄注："诚者，天性也。"孔颖达疏："此经明至诚之道，天之性也。则人当学其至诚之性，是上天之道不为而诚，不思而得。若天之性有生杀，信著四时，是天之道。"周敦颐说："诚者，圣人之本。'大哉乾元，万物资始'，诚之源也。'乾道变化，各正性命'，诚斯立焉，纯粹至善者也。故曰：'一阴一阳之谓道，继之者善也，成之者性也'。元亨，诚之通；利贞，诚之复。大哉《易》也，性命之源乎！……圣，诚而已矣。诚，五常之本，百行之源也。静无而动有，至正而明达也。五常、百行，非诚，非也，邪暗塞也。故诚则无事矣。至易而行难。果而确，无难焉。故曰：'一日克己复礼，天下归仁焉'"((宋)周敦颐：《周子通书》，上海古籍出版社2000年版，第31—32页)程颢说："诚者，理之实然，致一而不可易也。天下万古，人心物理，皆所同然，有一无二，虽前圣后圣，若合符节，是乃所谓诚，诚即天道也。天道无勉无思，然其中其得，自然而已。圣人诚一于天，天即圣人，圣人即天。由仁义行，何思勉之有？故从容中道而不迫。"(程颢、程颐：《二程集·中庸解》，中华书局2011年版，第1158页)朱熹《中庸章句》："诚者，真实无妄之谓，天理之本然也。"宋陈淳解释说："诚字与忠信字极相近，须有分别。诚是就自然之理上形容出一字，忠信是就人用工夫上说。"(陈淳：《北溪字义》，中华书局2011年版，第32页)

②　诚之者：做到至诚。郑玄注："诚之者，学而诚之也。因诚身说有大至诚。"孔颖达疏："言人能勉力学此至诚，是人之道也。不学则不得，故云人之道。"程颢说："诚之者，以人求天者也。思诚而复之，故明有未穷，于善必择，诚有未至，所执必固。善不择，道不精；执不固，德将去。学问思辨，所以求之也；行，所以至之也。至之，非人一己百，人十己千，不足以化气质。"(程颢、程颐：《二程集·中庸解》中华书局1981年版，第1158页)朱熹《中庸章句》："诚之者，未能真实无妄，而欲其真实无妄之谓，人事之当然也。圣人之德，浑然天理，真实无妄，不待思勉而从容中道，则亦天之道也。未至于圣，则不能无人欲之私，而其为德不能皆实。故未能不思而得，则必择善，然后可以明善；未能不勉而中，则必固执，然后可以诚身，此则所谓人之道也。"

③　不勉而中：不用勉强就能做到符合上天的道。中(zhòng)：符合上天的道。孔颖达疏："唯圣人能然，谓不勉励而自中当于善。"

④　择善而固执之者：孔颖达疏："谓由学而致此至诚，谓贤人也。言选择善事，而坚固执之，行之不已，遂致至诚也。"朱熹《中庸章句》："择善，学知以下之事。固执，利行以下之事也。"

120

【解读】

　　诚,是上天的固有自然之道;使自己做到诚,是每个人所应遵循的道。所谓诚,就是不用后天努力就能做到符合上天的道,不用思考就能领悟诚的核心,从容不迫就符合正道,圣人就是这样的。要使自己做到诚,就要选择善行并且要坚持不懈才能做到。

20.19　博学之,审问之,慎①思之,明辨之,笃行之。

【解读】

　　要广博地学习,仔细地审查问题,缜密地思考,清晰地辨别,切实地实行。

20.20　有弗学,学之弗能弗措②也;有弗问,问之弗知弗措也;有弗思,思之弗得弗措也;有弗辨,辨之弗明弗措也;有弗行,行之弗笃弗措也。人一能之己百之,人十能之己千之。

【解读】

　　要么不学习,学习而没有能够领会就绝不会放弃;要么不询问,询问了没有知道答案就绝不放下;要么不思考,思考了没有领悟就绝不放弃;要么不分辨,分辨没有明白是非就绝不放弃;要么不实行,实行了没有切实做到就绝不放弃。别人一学就能够懂的,我用百倍的力量也能做到;别人用十倍的力量就能做到的,我用千倍的力量也能做到。

---

① 慎:密也。
② 弗措:放弃,放置一边不顾。弗,不。措,置也,放弃,停止,罢休。

20.21 果能此道矣,虽愚必明,虽柔必强。

【解读】

一个人果真能够做到这样,虽然愚笨也一定能聪明起来,虽然柔弱也一定能刚强起来。

第二十一章

自诚明,谓之性①;自明诚,谓之教②。诚则明③矣,明则诚④矣。

① 自诚明,谓之性:由至诚而明德,这属于天赋的本性。自:从,由。诚明:诚先而后明德。郑玄注:"自,由也。由至诚而有明德,是圣人之性者也。"孔颖达疏:"'自诚明谓之性'者,此说天性自诚者。自,由也,言由天性至诚,而身有明德,此乃自然天性如此,故'谓之性'。"张载说:"自诚明者,先尽性以至于穷理也,谓先自其性理会来,以至穷理。"(章锡琛点校:《张载集·语录下》,中华书局1985年版,第330页)朱熹《中庸章句》:"自,由也。德无不实,而明无不照者,圣人之德。所性而有者也,天道也。"卫湜引蓝田昌氏吕大临的话:"自诚明,性之者也;自明诚,反之者也。性之者,自成德而言,圣人之所性也;反之者,自志学而言,圣人之教也。一本云谓之性者,生之所固有以得之;谓之教者,由学以复之。成德者,至于实然不易之地,理义皆由此出也。"(卫湜:《礼记集解》卷一百三十二,《钦定四库全书·经部114》,上海古籍出版社1987年版,第244页)王夫之说:"曰'自诚明',有其实理矣;曰'自明诚',有其实事矣。'性',为功于天者也;'教',为功于人者也。因其实而知其所以为功,故曰'谓之'。"(王夫之:《读四书大全说》(卷三),中华书局2009年版,第145页)

② 自明诚,谓之教:由明善而归于真诚,这是后天人为教化。明诚:明先而诚后。郑玄注:"由明德而有至诚,是贤人学以知之也。"孔颖达疏:"'自明诚谓之教'者,此说学而至诚,由身聪明,勉力学习,而致至诚,非由天性教习使然,故云'谓之教'。然则'自诚明谓之性',圣人之德也。'自明诚谓之教',贤人之德也。"张载说:"自明诚者,先穷理以至于尽性也,谓先从学问理会,以推达于天性也。"(章锡琛点校:《张载集·语录下》,中华书局1985年版,第330页)程颢说:"谓之性者,生之所固有以得之;谓之教者,由学以复之。理之实然者,至简至易。既已至之,则天下之理如开目睹万象,不假思虑而后知,此之谓诚则明。"(程颢、程颐:《二程集·中庸解》,中华书局2011年版,第1158页)程颐说:"自其外者学之,而得于内者,谓之明;自其内者得之,而兼于外者,谓之诚,诚与明一也。"(程颢、程颐:《二程集·程氏遗书》卷二十五,中华书局2011年版,第317页)朱熹《中庸章句》:"先明乎善,而后能实其善者,贤人之学。由教而入者也,人道也。"宋代卫湜引建安游氏游酢说:"自诚明,由中出也,故可名于性。自明诚,自外入于也,故可名于教。诚者因性,故无不明。明者致曲,故能有诚。"(卫湜:《礼记集解》卷一百三十,《钦定四库全书·经部114》,上海古籍出版社1987年版,第244页)元代景星说:"二'明'字不同。诚明,明自诚中出,则明在诚之内;言圣人有真实之德,照烛万理,自然而明,故谓之性,此性之之性。明诚,诚由明而至,则明在诚之外;言学者(转下页)

【解读】

　　由至诚而能明德善，这可称为自然的天性；由明德善而能至诚，这可称为是人文教化的作用。有了至诚的天性，就会有明德；明德到一定程度也就会做到至诚。

（接上页）由明善而至乎诚，故谓之教，此学而知也。"（景星：《中庸集说启蒙》卷下，《钦定四库全书·经部204》，上海古籍出版社1987年版，第1062页）程颢说："致知以穷天下之理，则天下之理皆得，卒亦至于简易实然之地，而行其所无事，此之谓明则诚。"（程颢、程颐：《二程集·中庸解》，中华书局2011年版，第1158—1159页）清代张岱说："天命之谓性，修道之谓教。异名只是同源，'自诚明谓之性，自明诚谓之教'，两路总归一路。……诚明者，如燧中取火，何尝不取？取之随足。明诚者如乞火觅燧，不知燧中有火，到得有燧，无用乞火矣。火既到手，岂有二邪？故诚明未尝废教，明诚未始不率性。"（张岱：《四书遇》，浙江古籍出版社1985年版，第49页）

　　③　诚则明　则：即，就。郑玄注："有至诚则必有明德。"孔颖达疏："言圣人天性至诚，则能有明德，由至诚而致明也。"卫湜引蓝田吕氏吕大临曰："天下之理，如目睹耳闻，不虑而知，不言而喻，此之谓'诚则明'"。（卫湜：《礼记集说》卷一百三十二，《钦定四库全书·经部114》，上海古籍出版社1987年版，第244页）

　　④　明则诚　郑玄注："有明德则必有至诚。"孔颖达疏："谓贤人由身聪明习学，乃致至诚，故云'明则诚矣'。是诚则能明，明则能诚，优劣虽异，二者皆通有至诚也。"卫湜引蓝田吕氏吕大临曰："志学者，致知以穷天下之理，则天下之理皆得，卒亦至于实然不易之地，至简至易，行其所无事，此之谓'明则诚'"。（卫湜：《礼记集解》卷一百三十二，《钦定四库全书·经部114》，上海古籍出版社1987年版，第244页）

第二十二章

唯天下至诚①,为能尽其性②;能尽其性,则能尽人之性;能尽人之性,则能尽物之性;能尽物之性,则可以赞天

---

① 天下至诚:天下最真诚的人。孔颖达疏:"谓一天下之内,至极诚信为圣人也。"朱熹《中庸章句》:"谓圣人之德之实,天下莫能加也。"王夫之说:"盖诚者性之撰也,性者诚之所丽也。性无不诚,仁义礼知,皆载忠信。非但言诚而即性。性有仁义礼知。诚以行乎性之德,非性之无他可名而但以诚也。性实有其典礼,诚虚应以为会通。性备乎善,诚依乎性。诚者天之用也,性之通也。性者天用之体也,诚之所干也。故曰'惟天下至诚,为能尽其性'。可以分诚与性为二,而相因言之。天用之体,不闲于圣人之与夫妇。无诚以为之干,则忮害杂仁,贪昧杂义,而甚者夺。因我所固有之大用诚,以行乎天所命我之本体性,充实无杂,则人欲不得以乘之,忮害等无所假托则不杂。而诚无不干乎性,性无不通乎诚矣。"(王夫之:《读四书大全说》(卷三),中华书局2009年版,第151页)

② 尽其性:充分发挥天赋的本性。郑玄注:"尽性者,谓顺理之使不失其所也。"孔颖达疏:"以其至极诚信,与天地合,故能'尽其性'"。程颐说:"尽己为忠,尽物为性。极言之,则尽己者,尽己之性也。尽物者,尽物之性也。信者,无伪而已,于天性有所损益,则为伪矣。"(程颢、程颐:《二程集·程氏遗书》卷二十四,中华书局2011年版,第315页)张载说:"性者,万物之一源,非有我之得私也。唯大人为能尽其道,是故立必俱立,知必周知,爱必兼爱,成不独成。彼自蔽塞而不知顺吾理者,则亦未知之何矣。"(章锡琛点校:《张载集·正蒙·大心》,中华书局1985年版,第21页)朱熹《中庸章句》:"尽其性者德无不实,故无人欲之私,而天命之在我者,察之由之,巨细精粗,无毫发之不尽也。"司马光认为:"人皆有仁义礼智信之性,惟圣人能以至诚充之,如能尽其性,然后修其道以教人,使人人皆尽仁义礼智信之性。"(卫湜:《礼记集解》卷一百三十三,《钦定四库全书·经部114》,上海古籍出版社1987年版,第250页)宋代袁甫说:"本有此性,则本有此诚,非自外来也。不杂人伪,顺乎天则,斯其为尽性而已矣。有毫发之未纯,不足以言尽;有毫发之未明,不足以言尽。所贵乎圣人者,全之尽之而无少亏欠者也。"(袁甫:《蒙斋中庸讲义》卷三,《钦定四库全书·经部198》上海古籍出版社1987年版,第598页)清代李光地曰:"性者,天地所赋予我与民物共之者也。举斯心而加诸彼,可使人皆得所焉,是所以尽人之性者在是也。"(李光地:《中庸章段》《钦定四库全书·经部204》,上海古籍出版社1987年版,第21页)

地之化育①；可以赞天地之化育，则可以与天地参矣②。

【解读】

只有天下最真诚的人，才能充分实现天赋的本性；能够充分实现自己的本性，就能充分实现他人的本性；能充分实现他人的本性，就能充分实现万物的本性；能充分实现万物的本性，就可以赞助天地间万物的化生和养育；能帮助赞助天地间万物的化生和养育，就可以与天地并列为三了。

---

① 赞天地之化育：赞，赞助。化育，化生和养育。郑玄注："赞，助也。育，生也。助天地之化生，谓圣人受命，在王位，致太平。"孔颖达疏："既能尽人性，则能尽万物之性，故能赞助天地之化育，功与天地相参。"程颢说："至诚可以赞天地之化育，则可以与天地参。赞者，参赞之义，'先天而天弗违，后天而奉天时'之谓也，非谓赞助，只有一个诚，何助之有？"（程颢、程颐：《二程集·程氏遗书》卷十一，中华书局2011年版，第133页）程颢又说："人受天地之中，其生也，具有天地之德，柔强昏明之质难异，其心之所同者皆然。特蔽有浅深，故别而为昏明；禀有多寡，故分而为强柔；至于理之所同然，虽圣愚有所不异。尽己之性，则天下之性皆然，故能尽人之性。蔽有浅深，故为昏明；蔽有开塞，故为人物。禀有多寡，故为强柔；禀有偏正，故为人物。故物之性与人异者几希，惟塞而不开，故知不若人之明；偏而不正，故才不若人之美。然人有近物之性者，物有近人之性者，亦系于此。于人之性，开塞偏正，无所不尽，则物之性，未有不能尽也。己也，人也，物也，莫不尽其性，则天地之化几矣。故行其无事，顺以养之而已，是所谓赞天地之化育。"（程颢、程颐：《二程集·中庸解》，中华书局2011年版，第1159页）

② 与天地参（sān）：与天地并列为三。参，通"三"。朱熹《中庸章句》："与天地参，谓与天地并立为三也。"程颢说："天地之化育，犹有所不及，必人赞之而后备，则天地非人不立，故人与天地并立为三才，此之谓天地参。"（程颢、程颐：《二程集·中庸解》，中华书局2011年版，第1159页）

第二十三章

其次致曲①,曲能有诚,诚则形②,形则著③,著则明④,明则动,动则变,变则化⑤,唯天下至诚为能化。

---

① 其次致曲:其次,指次于至诚的人,通过学习达到至诚。即次于"自诚明"的圣人的人,也就是贤人。致曲:致力于善的某一方面努力去做达到至诚。致:推致。曲:偏曲、隐微。郑玄注:"'其次',谓'自明诚'者也。致,至也。曲,犹小小之事也。不能尽性而有至诚,于有义焉而已,尽性之诚,人不能见也。"孔颖达疏:"此一经明贤人习学而致至诚,故云'其次致曲'。曲,谓细小之事。言其贤人致行细小之事不能尽性,于细小之事能有至诚也。"程颢说:"人具有天地之德,自当遍复包含,无所不尽。然而禀于天,不能无少偏曲,则其所存所发,在偏曲处必多。此谓致曲。虽曰致曲,如专一于是,未有不成。"(程颢、程颐:《二程集·中庸解》,中华书局 2011 年版,第 1159 页)程颐说:"其次致曲者,学而后知之也,而其成也,与生而知之者不异焉。故君子莫大于学,莫害于画,莫病于自足,莫罪于自弃。学而不止,此汤武所以圣也。"(程颢、程颐:《二程集·程氏遗书》卷二十五,中华书局 1981 年版,第 325 页)朱熹《中庸章句》:"其次,通大贤以下凡诚有未至者而言也。致,推致也。曲,一偏也。"宋代卫湜引延平杨氏曰:"能尽其性者,诚也;其次致曲者,诚之也。学问思辨笃行之,致曲也。"(卫湜:《礼记集解》卷一百三十三,《钦定四库全书·经部 114》,上海古籍出版社 1987 年版,第 253—254 页)引严陵喻氏曰:"至诚之理,自所性而达乎外者,直也;由学问以复乎内者,曲也。"(卫卫湜:《礼记集解》卷一百三十,《钦定四库全书·经部 114》,上海古籍出版社 1987 年版,第 257 页)清张岱说:"何为曲?曰:'火在石中,击石传火'。何谓化?曰:'火出石尽,灰飞烟灭。'致曲者,委曲而致之也,一了百了,惟至诚能之。致曲却须积渐,到得透露处,成功则一。"(张岱:《四书遇》,浙江古籍出版社 1985 年版,第 51 页)
② 形:显露,表露于外。郑玄注:"形谓人见其功也。"朱熹《中庸章句》:"形者,积中而发外。"
③ 著(zhù):显著。郑玄注:"著,形之大者也。"朱熹《中庸章句》:"著,则又加显矣。"王夫之说:"'著'则人闻其言而知其为善言,见其行与动而知其为善行善动。"(王夫之:《读四书大全说》(卷三),中华书局 2009 年版,第 156 页)
④ 明:光明。郑玄注:"明,著之显者也。"朱熹《中庸章句》:"明,则又有光辉发越之盛也。"王夫之说:"'明'则言为法,行为则,动为道,与天下共明斯道矣。此'明'字与'明则诚矣''明'字大异,而与'自诚明''明'字亦无甚分。"(王夫之:《读四书大全说》(卷三),中华书局 2009 年版,第 156 页)
⑤ 化:即化育。孔颖达疏:"变化旧体而有新体谓之为'化'。"朱熹《中庸章句》:"化,则有不知其所以然者。"

【解读】

　　其次要致力于推究人道或自然之道某一方面的细微处,如此也能达到至诚的境界。做到了至诚就必形之于外,形之于外就必显著突出,显著突出了就会光大言行,言行光大就必会感动天下,天下感动就必会引起变化,引起转变就能产生化育万物之功。只有天下至诚之人,才能产生教化众人的功效。

第二十四章

　　至诚之道，可以前知①。国家将兴，必有祯祥②；国家将亡，必有妖孽③；见乎蓍龟④，动乎四体⑤。祸福将至：善，必先知之；不善，必先知之。故至诚如神⑥。

---

　　① 前知：事先知道，预知未来。郑玄注："言天不欺至诚者也。前，亦先也。祯祥、妖孽、蓍龟之占，虽其时有小人、愚主，皆为至诚能知者出也。"孔颖达疏："此由身有至诚，可以豫知前事。此至诚之内，是天生至诚，亦通学而至诚，故前经云'自明诚谓之教'，是贤人至诚同圣人也。言圣人、贤人俱有至诚之行，天所不欺，可知前事。"宋赵顺孙说："天地万物，不离一气，兴亡之证，见于妖祥卜蓍动作之间，祸福之来，亦逆知其善否者，非导也，气之感召，理之当耳。惟诚之至者，无一毫之不实，则万物兆朕，无不行见。否则，已然之事，且不觉悟，尚何能察其几哉？"（赵顺孙：《中庸纂疏》《钦定四库全书·经部195》，上海古籍出版社1987年版，第176页）

　　② 祯（zhēn）祥：吉祥的征兆。孔颖达疏："祯祥，吉之萌兆；祥，善也。言国家之将兴，必先有嘉庆善祥也。国本有今异曰祯，本无今有曰祥。"朱熹《中庸章句》："祯祥者，福之兆。"

　　③ 妖孽（niè）：指不祥的征兆。草木之类称妖，虫豸之类称孽，物类反常的现象。"孽"，在闽本、石经、南宋石经、嘉靖本、卫湜《礼记集说》、《释文》相同，用"孽"。而在惠栋校宋本、宋监本、岳本作"孽"。监本误作"蘖"。朱熹《中庸章句》："妖孽者，祸之萌。"

　　④ 见（xiàn）乎蓍（shī）龟：见：同"现"，呈现。蓍龟，蓍草和龟甲，用来占卜。孔颖达疏："所以先知祯祥妖孽见乎蓍龟。"朱熹《中庸章句》："蓍，所以筮。龟，所以卜。"

　　⑤ 动乎四体：表现在人的四肢，引申为一举一动，动作仪态。郑玄注："四体，谓龟之四足，春占后左，夏占前左，秋占前右，冬占后右。"孔颖达疏："卦兆发动于龟之四体也。"朱熹《中庸章句》："四体，谓动作威仪之间，如执玉高卑，其容俯仰之类。"今取朱熹说法。

　　⑥ 如神：如神一样微妙，不可言说。神：指灵验如神。朱熹《中庸章句》："神，谓鬼神。"宋代袁甫说："合于诚者谓之善，善即祥也，即其所由兴之萌也。悖于诚者谓之不善，不善即妖也，即其所由亡之兆也。至诚如神，诚即神也。"（袁甫：《蒙斋中庸讲义》卷三，《钦定四库全书·经部193》，上海古籍出版社1987年版，第601页）

【解读】

　　达到至诚的境界,就可以预知未来的事。国家将要兴盛的时候,必然有吉祥的征兆;国家将要衰亡的时候,必然有不祥的征兆。它呈现在卜筮时的蓍草和龟甲上,表现在人的动作仪态之间。灾祸与福气将要来临:是福,必定可以预先知道;是祸,必定可以预先知道。所以至诚的人就像神灵一样,能先知先觉。

第二十五章

25.1　诚者自成也①,而道自道也②。

【解读】

诚者达到极善境界,就能自我成就。道因循自身内在规律,自我澄现。

---

①　诚者自成也:因循本性自我成全,也就是自我完善的意思。诚:至诚,指天命之性。自成:指物之所以自然成就。郑玄注:"言人能至诚,所以'自成'也。"孔颖达疏:"言人能有至诚之德,则自成就其身,故云'诚者自成也'。"程颐说:"诚者自成,如至诚事亲则成人,至诚事君则成人臣。"(程颢、程颐《二程集·程氏遗书》卷十八,中华书局2011年版,第203页)程颢说:"诚不为己,则诚为外物;道不自道,而其道虚行。既曰诚矣,苟不自成就,如何致力?既曰道矣,非己所自行,将谁与行乎?实有是理,乃有是物。有所从来,有以致之,物之始也;有所存亡,有以丧之,物之终也。皆无是理,虽有物象接于耳目,耳目犹不可信,谓之非物可也。天大无外,造化发育,皆在其间,故有内外生焉。性生内外之别,故与天地不相似。若性命之德,自合乎内外,故具仁与知。无己无物,诚一以贯之,合大德而施化育,故能时措之宜也。理义者,人心之所同然者也。吾信乎此,则吾德实矣,故曰:'诚者自成也。'"(程颢、程颐:《二程集·中庸解》,中华书局2011年版,第1160页)朱熹《中庸章句》:"言诚者物之所以自成,而道者人之所当自行也。诚以心言,本也;道以理言,用也。"王夫之说:"'自成''自'字,与'己'字不同。己,对物之词,专乎吾身之事而言也。自,则摄物归己之谓也。……乃本文之旨,则谓天道之诚,此无待。我可以自成其心而始可有夫物也。此有待。故'诚'之为言,兼乎物之理,而'自成'则专乎己之功。诚者,己之所成,物之所成;而成之者,己固自我成之,物亦自我成之也。"(王夫之:《读四书大全说》(卷三),中华书局2009年版,第165页)

②　道自道(dào)也:大道自我澄现。道:大道,指率性之理。自道:自我展现。郑玄注:"有道艺所以自道达。"孔颖达疏:"若人有道艺,则能自道达于己,故云'而道者自道也'。"程颢说:"吾用乎此,则吾道行矣,故曰:'道自道也。'"(程颢、程颐:《二程集·中庸解》,中华书局2011年版,第1160页)

25.2　诚者物①之终始,不诚无物。是故君子诚之为贵。

【解读】

诚贯穿于万事万物的结束和开始中,没有诚就没有万事万物。因此君子把至诚看得很珍贵。

25.3　诚者非自成己而已也,所以成物也。成己,仁也;成物,知②也。性之德也,合外内之道也,故时措③之宜也。

【解读】

诚,并不是自己成就自己就够了,还要成就万物。成就自己的德性是仁,成就外物是智慧。至诚是出于人性至德的表现,这是合乎成己、成物内外结合的常理,所以随时应用它都是适宜的。

---

① 物:万事万物。郑玄注:"物,万物也,亦事也。大人无诚,万物不生,小人无诚,则事不成。"
② 知:同"智"。
③ 时措:随时施行。措:施行。郑玄注:"言得其时而用也。"孔颖达疏:"措犹用也。言至诚者成万物之性,合天地之道,故得时而用之,则无往而不宜"。后以"时措"谓因时制宜。

第二十六章

26.1　故至诚无息①。

【解读】

所以,至诚之道是生生不息的。

26.2　不息则久,久则征②。

① 至诚无息:至诚是没有虚假,自然永无间断。息:间断,止息,休止。孔颖达疏:"言至诚之德,所用皆宜,无有止息,故能久远、博厚、高明以配天地也。"程颢说:"此章言至约之理,惟至诚而已。尽天地之道,亦不越此。穷尽实理,得之有之,其势自能至于悠久、博厚、高明,但积之而已。盖实理不二,则其体无杂。其体无杂,则其行无间。故至诚无息,非使之也,机自动尔,乃乾坤之所以开阖。如使之非实,则有时而息矣。"(程颢、程颐:《二程集·中庸解》,中华书局 2011 年版,第 1161 页)朱熹《中庸章句》:"既无虚假,自无间断。"宋代卫湜引江陵项氏曰:"久以时言,悠久以地言,博厚以业言,高明以德言。历时之久,及物之远,故其业愈广而德愈崇,业广德崇则愈能悠久,始于悠久,此所谓至诚无息也。无息者,理也,不息者,人也。无疆者,如天地之无尽处,无已时也。"(卫湜:《礼记集解》卷一百三十四,《钦定四库全书·经部114》,上海古籍出版社 1987 年版,第 283 页)王夫之说:"天之所以为天者不可见,繇其博厚、高明、悠久而生物不测也,则可以知其诚之不贰。至诚之所存者非夫人之易知,唯圣知之。繇其博厚、高明、悠久之见于所征者,则可以知其诚之不息。此自用而察识其体。中庸确然有以知之,而曰'故至诚无息','故'字须涵泳始见。……至诚者,以其表里皆实言也。无息者,以其初终不闲言也。表里皆实者,抑以初终无闲,故曰'至诚无息',而不曰至诚则不息。"(王夫之:《读四书大全说》(卷三),中华书局 2009 年版,第 167 页)

② 久则征:永久长存就能有效验。征:有了效验,显现,征验,显露于外。郑玄注:"征,犹效验也。"朱熹《中庸章句》:"征,验于外也。此言至诚之德既著于四方,其高厚日以广大也。征或为'彻'。孔颖达疏:"征,验也。以其久行,故有征验。"程颢说:"久,堪任也。征,验也。……凡物用之不穷者,其才堪是用也。如有所穷,则其用必息。故诚之所以久者,不息而已。不能堪任,废敝必矣,又安所效验于外哉?"(程颢、程颐:《二程集·中庸解》,中华书局 2011 年版,第 1161 页)王夫之:"所谓征者,即二十二章尽人物之性之事,亦即二十七章发育峻极、礼仪威仪之事,亦即三十一章见而敬、言而信、行而说之事。悠远、博厚、高明,即以状彼之德被于人物者,无大小久暂而无不然也;则至诚之一言一动一行,皆其悠远之征。文王之时,周道未成,而德之纯也,已与天同其不已。"(王夫之:《读四书大全说》(卷三),中华书局 2009 年版,第 167—168 页)

133

【解读】

生生不息就会永久长存,永久长存就能有效验。

26.3　征则悠远,悠远则博厚,博厚则高明。

【解读】

有了效验就会悠长久远,悠长久远就广博宽厚,广博宽厚就会高大光明。

26.4　博厚,所以载物也;高明,所以覆物也;悠久,所以成物也。

【解读】

广博宽厚,由此可以承载万物;高大光明,由此可以覆盖万物;悠远长久,由此可以成就万物。

26.5　博厚配地,高明配天,悠久无疆①。

【解读】

广博深厚可以匹配地,高大光明可以匹配天,悠长久远可以推及无穷无尽。

26.6　如此者,不见而章②,不动而变,无为而成。

---

① 无疆:无穷无尽。孔颖达疏:"疆,穷也。言圣人之德既能覆载,又能长久行之,所以无穷。"

② 不见(xiàn)而章:同"现",表现。章:即"彰",彰明,彰显。孔颖达疏:"不见所为而功业章显。"程颐说:"义还因事而见否? 曰:'非也。性中自有'。或曰:'无状可见'。曰:'说有便是见,但人自不见,昭昭然在天地之中也。且如性,何须待有物方指为性? 性自在也。贤所言见者事,某所言见者理。'。如曰'不见而彰(章)显'是也。"(程颢、程颐:《二程集·程氏遗书》卷十八,中华书局 2011 年版,第 185 页)

【解读】

像这样的至诚境界,不用自我表现就自然彰显,不用行动也会自然改变,无所作为也会自然成就。

26.7　天地之道,可一言①而尽也:其为物不贰②,则其生物不测。

【解读】

天地的道理,可以用一句话概括:它对待万物一视同仁,没有二心,但它所化生的万物却难以测度。

26.8　天地之道:博也,厚也,高也,明也,悠也,久也。

【解读】

天地的规律:广博、深厚、高大、光明、悠远、长久。

26.9　今夫③天,斯昭昭之多④,及其无穷也,日月星辰系

---

① 一言:指一句话。"一",在南宋石经、宋监本、岳本、嘉靖本及闽本监本、毛本、卫湜《礼记集说》中同作"一"。惠栋校宋本、石经同作"壹"。郑玄注:"言其德化与天地相似,可一言而尽,要在至诚。"孔颖达疏:"可一句之言而能尽其事理,正由于至诚,是壹言而尽也。"

② 不贰:一视同仁,没有二心。诚是忠诚如一,所以不贰。郑玄注:"言至诚无贰,乃能生万物多无数也。"孔颖达疏:"言圣人行至诚,接待于物不有差贰。"

③ 夫(fú):发语词,用于句中,舒缓语气。下同。

④ 斯昭昭之多:原本不过就一点点光明。斯,此。昭昭,小小的光明。郑玄注:"昭昭犹耿耿,小明也。"孔颖达疏:"斯,此也;昭昭,狭小之貌。言天初时唯有此昭昭之多小貌尔,故云'昭昭之多'。"朱熹《中庸章句》:"昭昭,犹耿耿,小明也。此指其一处而言之。"

焉,万物覆焉。今夫地,一撮①土之多,及其广厚②,载华岳③而不重,振④河海而不洩,万物载焉。今夫山,一卷石⑤之多,及其广大,草木生之,禽兽居之,宝藏兴焉。今夫水,一勺之多,及其不测⑥,鼋⑦鼍⑧、蛟⑨龙、鱼鳖生焉,货财殖焉。

【解读】

今天所说的天,原本不过是一点点的光明所聚积起来的,可等到它推及无边无际时,日月星辰都靠它维系,世界万物都靠它覆盖。今天所说的地,原本不过是由一把把泥土聚积起来的,可等到它广博深厚时,承载华山也不觉得重,容纳那么多的江河湖海也不会泄漏,世间万物都由它承载。今天所说的山,原本不过是由拳头大的石块聚积起来的,可等到它高大无比时,草木在上面生长,禽兽在上面居住,宝藏在上面储藏。今天所说的水,原本不过是一小勺水聚积起来的,可等到它深不可测时,鼋鼍、蛟龙、鱼鳖等都生长在里面,货物财富都在里面孳生。

---

① 撮(cuō):一把泥土,形容其所取很少。
② 厚:惠栋校宋本、宋监本、岳本、嘉靖本、石经、南宋石经、卫湜《礼记集说》、《考文》引古本、足利本都同用"厚",闽本、监本、毛本作"大",应为误。
③ 华岳:即华山。
④ 振:通"整",收容,容纳。引申为约束。郑玄注:"振,犹收也。"朱熹《中庸章句》:"振,收也。"
⑤ 一卷(quán)石:一个拳头大的石头。卷:通"拳"。郑玄注:"卷,犹区也。"朱熹《中庸章句》:"卷,区也。"
⑥ 不测:不可测度,指浩瀚无涯。
⑦ 鼋(yuán):即大鳖。是爬行动物,外形像龟,生活在水中,短尾,背甲暗绿色,近圆形,长有许多小疙瘩。
⑧ 鼍(tuó):是鳄鱼的一种,为两栖卵生爬行动物,吻短,成年体长二米左右,背部、尾部均有麟甲。穴居江河岸边,皮可以蒙鼓。分布于长江中下游及太湖等地,是中国特有的生物,又称"扬子鳄"。
⑨ 蛟:古代传说中龙一类的动物,能发洪水。在石经本、南宋石经本、岳本、宋监本、惠栋校宋本同,闽本、监本、毛本、嘉靖本、卫湜《礼记集说》用"蛟"。陆德明《经典释文》解说:"蛟龙本又作蛟。"

26.10 《诗》云①："惟天之命,於穆不已②!"盖曰天之所以为天也。"於乎不显③! 文王之德之纯!"盖曰文王之所以为文也,纯亦不已。

【解读】

《诗》中说:"上天的道理,深远而无穷无尽啊!"这说的就是天之所以为天的原因吧。"多么显赫光明啊,文王的品德纯真无二!"这说的就是文王之所以被称为"文"王的原因吧,原由就在于其德行始终纯真不杂。

---

① 《诗》云:以下两句诗均引自《诗经·周颂·维天之命》。
② 惟天之命,於(wū)穆不已:惟:语气词。惠栋校宋本、石经、南宋石经、宋监本、岳本、嘉靖本同用"惟"。闽本、监本、毛本、卫湜《礼记集说》作"维"。於穆不已:於,表感叹的语气词。穆,深远。不已,无穷。孔颖达疏:"穆,美也。'於穆不已'者,美之不休已也。"朱熹《中庸章句》:"於,叹辞。穆,深远也。"取朱熹义。程颐说:"惟天之命,於穆不已,此是理自相续不已,非是人为之,如使可为,虽有万般安排,也须有息时,只为无为,故不息。"(程颢、程颐:《二程集·程氏遗书》卷十八,中华书局2011年版,第226页)
③ 於(wū)乎不(pī)显:"於乎"同"呜呼",表感叹的语气词。"不"通"丕",即大;显,即明显。孔颖达疏:"显,谓光明。诗人叹之云,於乎不光明乎,言光明矣。"朱熹《中庸章句》:"不显,犹言岂不显也。"

第二十七章

27.1　大哉圣人之道！

【解读】

真是伟大啊,圣人所推行的王道!

27.2　洋洋①乎！发育万物,峻极于天②。

【解读】

充满天地之间,生发养育万物,他的崇高可以抵达上天。

27.3　优优③大哉！礼仪④三百,威仪⑤三千。

---

　　① 洋洋:洋溢充满的样子。孔颖达疏:"洋洋,谓道德充满之貌。"
　　② 峻极于天:圣人之道上至于天。峻极:极其高峻。郑玄注:"峻,高大也。"孔颖达疏:"峻,高也。言圣人之道,高大与山相似,上极于天。"
　　③ 优优:充足有余的样子。孔颖达疏:"优优,宽裕之貌。圣人优优然宽裕其道。"朱熹《中庸章句》:"优优,充足有余之意。"
　　④ 礼仪:恒常不变的大的礼仪,又称经礼。如嘉、吉、丧、宾、军之礼。朱熹《中庸章句》:"礼仪,经礼也。"
　　⑤ 威仪:日常生活中小的礼貌细节,又称曲礼。古代典礼中的动作仪文及待人接物的礼节。如升、降、揖、退之类。朱熹《中庸章句》:"威仪,曲礼也。"

【解读】

充足有余而又博大啊！恒常不变的大的礼仪约有三百种之多，日常生活中的小的礼仪约三千种之多。

27.4　待其人而后行①。

【解读】

这些都要等待有德行的圣人出来后才能实行。

27.5　故曰："苟不至德②，至道不凝③焉。"

【解读】

所以说："如果不是有至高的德行的圣人，至高的道就不能成就。"

---

①　待其人而后行：等待有德行的圣人出现后才能实行。然，石经、南宋石经、岳本、宋监本、嘉靖本、卫湜《礼记集说》同用"然"，闽本、监本、毛本同作"而"。孔颖达疏："言三百、三千之礼，必待贤人然后施行其事。"程颢说："天之为天，不已其命而已。圣人之为圣人，不已其德而已。其为天人德命则异，其所以不已则一。故圣人之道，可以配天者，如此而已。礼仪威仪，道也，所以行之者德也。小德可以任大道，至德可以守至道。故道不虚行，必待人而后行，故必有人而行，然后可名之道也。"（程颢、程颐：《二程集·中庸解》，中华书局 2011 年版，第 1161—1162 页）

②　苟不至德：如果没有极高的德行。苟，表假设，如果。孔颖达疏："苟，诚也。不，非也。苟诚非至德之人，则圣人至极之道不可成也。"朱熹《中庸章句》："至德，谓其人。"

③　凝：聚集，成功，成就。朱熹《中庸章句》："凝，聚也，成也。"

139

27.6　故君子尊德性①而道问学②,致广大③而尽精微④,

---

①　尊德性:上天所赋予的至诚本性。郑玄注:"德性,谓性至诚者。"孔颖达疏:"谓君子贤人尊敬此圣人道德之性自然至诚也。"程颢说:"德性,广大高明皆至德。"(程颢、程颐:《二程集·中庸解》中华书局2011年版,第1162页)程颢又说:"'德性'者,言性之可贵,与言性善,其实一也。"(程颢、程颐:《二程集·程氏遗书》卷十一,中华书局2011年版,第125页)朱熹《中庸章句》:"尊者,恭敬奉持之意。德性者,吾所受于天之正理。"元代景星说:"非尊德性则不能道学问,既尊德性不可不道学问。非致广大则不能尽精微,既致广大不可不尽精微。非极高明则不能道中庸,既极高明不可不道中庸。非温故则不能知新,既温故不可不知新。非敦厚则不能崇礼,既敦厚又不可不崇礼。五句是十意。……广大中自有精微之理,高明中自有中庸之则,温故自有新意,敦厚中自有节文,故不可不交勉而并进。尊、致、极、温、敦五字为存心工夫,道、尽、道、知、崇为致知工夫。"(景星:《中庸集说启蒙》卷下,《钦定四库全书·经部198》,上海古籍出版社1987年版,第1074页)

②　道问学:致力于后天的学习与践行。郑玄注:"道,犹由也。问学,学诚者也。"孔颖达疏:"言贤人行道由于问学,谓勤学乃致至诚也。"程颢说:"问学,精微中庸皆至道;惟至德所以凝至道也。虽有问学,不尊吾自德之性,则问学失其道矣。虽有精微之理,不致广大以自求,则精微不足以自信矣。虽有中庸之道,不极高明以行之,则同污合俗矣。虽知所未知,不温故以存之,则德不可积;虽有崇礼之志,不敦厚以持之,则其行不久。此皆合德与道而言,然后可以成矣。"(程颢、程颐:《二程集·中庸解》,中华书局2011年版,第1162页)朱熹《中庸章句》:"道问学,所以致知而尽乎道体之细也。二者修德凝道之大端也。不以一毫私意自蔽,不以一毫私欲自累,涵泳乎其所已知。敦笃乎其所已能,此皆存心之属也。析理则不使有毫厘之差,处事则不使有过不及之谬,理义则日知其所未知,节文则日谨其所未谨,此皆致知之属也。盖非存心无以致知,而存心者又不可以不致知。故此五句,大小相资,首尾相应,圣贤所示入德之方,莫详于此,学者宜尽心焉。"

③　广大:广大无穷。郑玄注:"广大,犹博厚也。"孔颖达疏:"广大谓地也,言贤人由学能致广大,如地之生养之德也。"张载说:"不致广大,则精微无所立其诚。"(章锡琛点校:《张载集·正蒙·中正》,中华书局1985年版,第28页)

④　尽精微:孔颖达疏:"谓致其生养之德既能致于广大,尽育物之精微,言无微不尽也。"王夫之说:"本文云'尽精微',尽者析之极也,非行之极也。于察之则见其精微,于行之则亦显著矣。"(王夫之:《读四书大全说》(卷三),中华书局2009年版,第172页)

极高明而道中庸①。温故而知新②,敦厚以崇礼。

【解读】

因此,君子尊崇上天所赋予的至诚本性,勉励自己由勤学而达到至诚的境界;获得对天地万物广大无穷规律的认知,达到能尽知其精微之处;领悟大道的极高至明之德,在日常生活中固守与践行中庸之道;温习已有的知识从而获得新知识;笃厚诚实地做人并崇奉日常礼仪。

27.7　是故居上不骄,为下不倍③,国有道其言足以兴④,

---

① 极高明而道中庸:由领悟大道的极高至明之德从而能够通达中庸之理。孔颖达疏:"高明,谓天也,言贤人由学极尽天之高明之德。道,通也,又能通达于中庸之理也。"程颢说:"'极高明而道中庸',非二事。中庸,天理也。天理固高明,不极乎高明,不足以道中庸。中庸乃高明之极也。"(程颢、程颐:《二程集·程氏外书》卷三,中华书局 2011 年版,第 367 页)程颢也说:"理则极高明,行之只是中庸也。"(程颢、程颐:《二程集·程氏遗书》卷十一,中华书局 1981 年版,第 119 页)张载说:"不极高明,则择乎中庸失其时措之宜矣。"(章锡琛点校:《张载集·正蒙·中正》,中华书局 1985 年版,第 28 页)卫湜引延平周氏周谞之言:"致广大然后极高,尽精微然后极明。高明既极矣,而天下为难继,故俯而道乎中庸。"(卫湜:《礼记集解》卷一百三十四,《钦定四库全书·经部 114》,上海古籍出版社 1987 年版,第 290 页)王夫之说:"'道中庸'者,以之为道路而不迷于所往也。如人取道以有所适,其取道也在欲行之日,而不在方行之日也。"(王夫之:《读四书大全说》(卷三),中华书局 2009 年版,第 172 页)

② 温故而知新:温习已有的知识从而获得新知识。郑玄注:"谓故学之孰矣,后'时习之'谓之'温'。"孔颖达疏:"言贤人由学既能温寻故事,又能知新事也。"朱熹《中庸章句》:"温,犹燖温之温,谓故学之矣,复时习之也。"卫湜引延平周氏周谞之言:"温故者,月无忘其所能也;知新者,日知其所亡也;温故而知新者,学也。"(卫湜:《礼记集解》卷一百三十四,《钦定四库全书·经部 114》,上海古籍出版社 1987 年版,第 290 页)王夫之说:"'温故'者,乃寻绎其旧之所得,而以为非'道问学'之事,乃'尊德性'之功,此极不易理会。乃言旧所得,则行焉而有得于心者矣;而其所以有得者,岂非性之见功乎? 章句以'时习'证此。'学而时习之,不亦说乎!'似此境界,岂不是尊德性事?"(王夫之:《读四书大全说》(卷三),中华书局 2009 年版,第 174 页)

③ 倍:通"背",违逆,背弃,背叛。

④ 兴:振兴国家。郑玄注:"兴谓起在位也。"孔颖达疏:"兴,谓发谋出虑。"

国无道其默足以容①。《诗》②曰:"既明且哲③,以保其身。"其此之谓与!

【解读】

所以身居高位而不骄横,身居低位而不违逆自己的道德良知。国家政治清明时,君子的言论足以振兴国家;国家政治腐败时,君子的沉默足以保全自己。《诗》说:"既能明事理,又有智慧,如此可以保全自身。"大概说的就是这个意思吧!

---

① 容:容身,指保全自己。
② 《诗》:"既明且哲,以保其身。"出自《诗经·大雅·烝民》。孔颖达疏:"美宣王之诗,言宣王任用仲山甫,能显明其事任,且又哲知保安全其己身。"
③ 哲:智也,即智慧。

第二十八章

28.1　子曰:"愚而好自用①,贱而好自专②,生乎今之世,反③古之道。如此者,烖④及其身者也。"

【解读】

孔子说:"愚昧无德而喜欢凭自己主观意图行事,卑贱而喜欢独断专行。生于当今之世,却祈盼恢复古时的制度。像这样的人,灾祸一定会降临到他自己身上。"

28.2　非天子,不议礼⑤,不制度⑥,不考文⑦。

---

①　愚而好(hào)自用:愚昧无德而喜欢凭自己主观意图行事。愚:愚昧无德。好:喜欢,下同。自用:凭自己主观意图行事,自以为是,不听别人意见,即刚愎自用的意思。程颢说:"无德为愚……有位无德,而作礼乐,所谓'愚而好自用'。"(程颢、程颐:《二程集·中庸解》,中华书局2011年版,第1162页)

②　贱而好自专:地位卑贱而喜欢独断专行。自专:自作主张,按自己的主观意志独断专行。程颢说:"无位为贱……有德无位,而作礼乐,所谓'贱而好自专'。"(程颢、程颐:《二程集·中庸解》,中华书局2011年版,第1162页)

③　反:通"返",引申为恢复、推行的意思。

④　烖(zāi):古"灾"字。程颢说:"生周之世,而从夏、殷之礼,所谓'居今世,反古之道'。三者有一焉,取灾之道也。"(程颢、程颐:《二程集·中庸解》,中华书局2011年版,第1162页)

⑤　不议礼:不敢议定礼仪。郑玄注:"礼,谓人所服行也。"孔颖达疏:"此论礼由天子所行,既非天子,不得论议礼之是非。"朱熹《中庸章句》:"礼,亲疏贵贱相接之体也。"

⑥　不制度:不制定法度。制:在这里作动词用,指制订。度:法度,及国家宫室大小高下和车舆。郑玄注:"度,国家宫室及车舆也。"孔颖达疏:"'不制度',谓不敢制造法度,及国家宫室大小高下及车舆也。"朱熹《中庸章句》:"度,品制。"

⑦　不考文:考订文章书籍之名。郑玄注:"文,书名也。"孔颖达疏:"'不考文',亦不得考成文章书籍之名也。"朱熹《中庸章句》:"文,书名。"王夫之认为:"'考文',只是辨其点画形似,若汉狱史以'止句'为'苟',马援所论将军印篆错谬……然此又以建国之初,定一代之文者为言。如博古图所绘商器款识文字,尽与周异,质文之别,居然可见,皆周公于商之旧文所损益者多矣。"(王夫之:《读四书大全说》(卷三),中华书局2009年版,第175页)

【解读】

不是天子的身份,就不可以议定礼仪,不可以制订法度,不可以考核文字。

28.3　今①天下车同轨,书同文,行同伦②。

【解读】

如今天下车辆轨距相同一致,文字相同,伦理道德相同。

28.4　虽有其位③,苟无其德,不敢作礼乐焉;虽有其德,苟无其位,亦不敢作礼乐焉。

【解读】

虽有天子的身份地位,如果没有圣人的德行,不敢制作礼乐制度;虽然有圣人的德行,如果没有天子的身份地位,也是不敢制作礼乐制度。

28.5　子曰:"吾说④夏礼⑤,杞⑥不足征⑦也;吾学殷礼⑧,

---

①　今:当今。朱熹《中庸章句》:"今,子思自谓当时也。"王引之认为"今"作"如果"讲,表假设之词。存异。
②　车同轨,书同文,行同伦:车同轨指车子的轮距相同;书同文指字体相同;行同指伦理道德相同。轨:车子两轮间的距离。孔颖达疏:"伦,道也,言人所行之行,皆同道理。"
③　位:职位,指天子之位。
④　说:一指谈论,说的,解说。另一种解释为说通"悦",喜欢,喜爱。
⑤　夏礼:夏朝的礼制。夏朝,约公元前2205年—前1776年,传说是禹建立的。
⑥　杞(qǐ):周代诸侯国名。传说是周武王克殷,封夏禹的后代于此,故城在今河南杞县。
⑦　征:验证。郑玄注:"征,犹明也,吾能说夏礼,顾杞之君不足与明之也。"
⑧　殷礼:殷朝的礼制。商朝从盘庚迁都至殷(今河南安阳)到纣亡国,一般称为殷代,整个商朝也称商殷或殷商。

有宋存焉①;吾学周礼②,今③用之,吾从周④。"

【解读】

孔子说:"我谈论夏朝的礼制,夏的后裔杞国文献,不足以用来验证;我学习殷朝的礼制,殷的后裔宋国还残存着一些礼仪;我学习周朝的礼制,现在正为社会所用,所以我遵从周礼。"

① 有宋存焉:宋:周代诸侯国名,周武王克殷,封商汤的后代居此,故城在今河南商丘县南。此句与《论语·八佾》所说:"殷礼,我能言之,宋不足征也"不同。阎若璩《四书释地》说:"《史记·孔子世家》载:'(子思)尝困于宋,作《中庸》。'故为宋讳之,不言其无征。"这说法值得探讨。
② 周礼:周朝的礼制。
③ 今:孔子生活的那个时代。
④ 吾从周:我遵从周礼。郑玄注:"'吾从周',行今之道。"孔颖达疏:"既杞、宋二国不足明,已当不复行前代之礼,故云'吾从周'。案赵商问:孔子称'吾学周礼,今用之,吾从周',《檀弓》云'今丘也,殷人也',两楹奠殡哭师之处,皆所法于殷礼,未必由周,而云'吾从周'者,何也?郑答曰:'今用之者,鲁与诸侯皆用周之礼法,非专自施于己。在宋冠章甫之冠,在鲁衣逢掖之衣,何必纯用之。吾从周者,言周礼法最备,其为殷、周事岂一也。'如郑此言,诸侯礼法则从周,身之所行杂用殷礼也。"

第二十九章

29.1　王天下有三重焉①,其寡过矣乎!

【解读】

以王道治理天下,要重视三件事:议定礼仪,制订法度,考订文章书籍。做好这三件事,也就可以少犯过错了!

29.2　上焉者②虽善无征③,无征不信,不信民弗从;下焉者④虽善不尊,不尊不信,不信民弗从。

---

①　王(wàng)天下有三重(zhòng)焉:王,作动词用,王天下即"以王道治理天下"的意思。郑玄注:"三重,三王之礼。"孔颖达疏:"言为君王有天下者,有三种之重焉,谓夏、殷、周三王之礼,其事尊重,若能行之,寡少于过矣。"程颢说:"故王天下者,有三重焉:议礼所以制行,故行必同伦;制度所以为法,故车必同轨;考文所以合俗,故书必同文。惟王天下者行之,诸侯有所不与,故国无异政,家不殊俗,盖有以一之也。如此则寡过矣。"(程颢、程颐:《二程集·中庸解》,中华书局2011年版,第1162页)程颐说:"三重,即三王之礼。三王虽随时损益,各立一个大本,无过不及,此与《春秋》正相合。"(程颢、程颐:《二程集·程氏遗书》卷二十三,中华书局2011年版,第309页)朱熹《中庸章句》:"吕氏曰:'三重,谓议礼、制度、考文。惟天子得以行之,则国不异政,家不殊俗,而人得寡过矣'。"今取朱熹之意。

②　上焉者:指在上位的人,即君王。郑玄注:"上,谓君也。"程颐说:"上焉者,三王以上、三皇已远之事,故无证。"(程颢、程颐:《二程集·程氏遗书》卷十八,中华书局2011年版,第226页)朱熹《中庸章句》:"上焉者,谓时王以前,如夏、商之礼虽善,而皆不可考。"

③　无征:无法证明、考证。郑玄注:"君虽善,善无明征,则其善不信也。征或为'证'"。钱穆先生说:"无征,谓不可与庶民以共验而大明之,故不信也。"(钱穆:《四书释义》,九州出版社2011年版,第348页)

④　下焉者:指在下位的人,即臣下。郑玄注:"下,谓臣也。"程颐说:"下焉者,非三王之道,如诸侯伯者之事,故民不尊。"(程颢、程颐:《二程集·程氏遗书》卷十八,中华书局2011年版,第226页)朱熹《中庸章句》:"下焉者,谓圣人在下,如孔子虽善于礼,而不在尊位也。"

【解读】

在上位的君王,礼仪制度虽然制订得完备,但没有验证。如果没有验证的话就不能使人信服。如果不能使人信服,老百姓就不会听从。在下位的人,虽然行为很好,但由于没有尊贵的地位,也不能使人信服。不能使人信服,老百姓就不会听从。

29.3　故君子之道:本诸身①,征诸庶民②,考诸三王而不缪③,建诸天地而不悖④,质⑤诸鬼神而无疑,百世以俟⑥圣人而不惑。

【解读】

所以君子治理天下的方法,应该以自身的修养为本,并从老百姓那里得到验证。以夏、商、周三代先王的标准来考查而没有谬误,以天地的法则来建立而没有悖乱,以鬼神的吉凶来质询而没有疑问,这样,即

---

① 本诸身:以自身的修养为本。孔颖达疏:"言君子行道,先从身起,是'本诸身'也。"朱熹《中庸章句》:"本诸身,有其德也。"
② 征诸庶民:孔颖达疏:"征,验也;诸,于也。谓立身行善,使有征验于庶民。若晋文公出定襄王,示民尊上也;伐原,示民以信之类也。"朱熹《中庸章句》:"征诸庶民,验其所信从也。"钱穆先生认为:"征诸庶民,谓得庶民之共明共信也。"(钱穆:《四书释义》,九州出版社2011年版,第348页)
③ 考诸三王而不缪(miù):三王:指夏、商、周三代君王。一说:禹、汤、周文王;一说禹、汤、周武王。缪:同"谬",谬误,多指理论上的错误。孔颖达疏:"缪,乱也。谓已所行之事,考校与三王合同,不有错缪也。"朱熹《中庸或问》下:"三王,以迹言者也,故曰不谬,言与其已行者无所差也。"(朱杰人、严佐之、刘永翔主编:《朱子全书》(第六册),上海古籍出版社、安徽教育出版社2002年版,第602页)
④ 建诸天地而不悖(bèi):建:建立。悖:悖逆,多指行为上的不合时宜。孔颖达疏:"悖,逆也。言己所行道,建达于天地,而不有悖逆,谓与天地合也。"朱熹《中庸或问》下:"天地,以道言者也,故曰不悖,言与其自然者无所拂也。"(朱杰人、严佐之、刘永翔主编:《朱子全书》(第六册),上海古籍出版社、安徽教育出版社2002年版,第602页)
⑤ 质:质询,询问。一说证实。孔颖达疏:"质,正也。"
⑥ 俟(sì):待,等待。

使等到百世以后的圣人出现,也没有什么困惑。

29.4　质诸鬼神而无疑,知天也;百世以俟圣人而不惑,知人也。

【解读】

　　质询于鬼神而没有疑问,这是因为知道天理的缘故;百世以后等到圣人出现,也没有什么不理解的地方,这是因为了解人道的缘故。

29.5　是故君子动①而世为天下道②,行而世为天下法,言而世为天下则。远之则有望③,近之则不厌。

【解读】

　　因此,君子的举动成为世世代代天下人共行的常道,他的行为成为世世代代的法度,他的话语成为世世代代天下人的准则。如果远离这样的君子,会让人仰望思慕;如果在近处接触他,从来不会使人厌烦。

29.6　《诗》曰④:"在彼无恶⑤,在此无射⑥;庶几⑦夙夜⑧,

---

① 动:言行举动。朱熹《中庸章句》:"动,兼言行而言。"
② 道:常道。这里引申为遵行。朱熹《中庸章句》:"道,兼法则而言。"
③ 远之则有望:如果远离就会企望思慕他。望:企望,仰望。则:法则,准则。孔颖达疏:"言圣人之道,为世法则,若远离之则有企望,思慕之深也。"
④ 《诗》曰:以下引文"在彼无恶,在此无射。庶几夙夜,以永终誉。"出自《诗经·周颂·振鹭》。是首周王设宴招待来朝的诸侯时所唱的乐歌。孔颖达疏:"此引《周颂·振鹭》之篇,言微子来朝,身有美德,在彼宋国之内,民无恶之,在此来朝,人无厌倦。故庶几夙夜,以长永终竟美善声誉。言君子之德亦能如此,故引《诗》以结成之。"
⑤ 恶(wù):厌恶,厌倦。
⑥ 射(yì):《诗经》本作"斁",厌弃的意思。
⑦ 庶几(jī):几乎,差不多。
⑧ 夙(sù)夜:早晚。夙:早。比喻日夜谨慎。

以永终誉①!"君子未有不如此而蚤②有誉于天下者也。

【解读】

《诗》说:"在那里没有人憎恶他,在这里没有人厌烦他,几乎日夜谨慎操劳,一直保持着美好的名誉。"君子没有不这样做而能很早在天下获得名誉的。

---

① 以永终誉:永远保持美好的名誉。永:长久。终:永远。誉:名誉,声誉,名望。

② 蚤(zǎo):即"早"。

第三十章

30.1 仲尼祖述①尧舜,宪章②文武;上律天时③,下袭水土④。

【解读】

孔子以尧舜之道为远祖而加以继承,宣扬文王、武王的治国之道;在上取法自然运行的规律,在下顺应山川地理形势的特点。

① 祖述:效法、遵循前人的行为或学说。祖,用作动词,以……为远祖。孔颖达疏:"祖,始也。言仲尼祖述始行尧、舜之道也。"朱熹《中庸章句》:"祖述者,远宗其道。"卫湜引河东侯氏侯仲良曰:"仲尼不有天下,修此道以传天下,后世能永终誉者也,故继之曰'仲尼祖述尧舜'。尧舜之道,天理、中庸也。道不为尧桀存亡,非出于尧舜者也,尧舜能由之尔。仲尼亦由此道,顺此理,无加损焉,故曰'祖述尧舜'。祖,犹因也。述,犹仍也。因仍其道而不作也。述,与'述而不作'之述同。宪章文武,尧舜垂衣裳而天下治,法度犹未大备也,故曰'祖述'"。(卫湜:《礼记集解》卷一百三十五,《钦定四库全书·经部114》,上海古籍出版社1987年版,第311页)

② 宪章:遵从、效法。宪,用作动词,取法。章,宣扬阐明。孔颖达疏:"宪,法也;章,明也。言夫子发明文、武之德。"朱熹《中庸章句》:"宪章者,近守其法。"

③ 律天时:取法自然运行的规律。天时:古代其用意很广,有时指节气、气候,有时指阴晴寒暑变化。这里指自然运行的时序。律:效法,取法。郑玄注:"律,述也。述天时,谓编年,四时具也。"孔颖达疏:"律,述也。言夫子上则述行天时,以与言阴阳时候也。"朱熹《中庸章句》:"律天时者,法其自然之运。"

④ 袭水土:顺应山川地理形势的特点。袭:因循,顺从。水土:指地理环境。郑玄注:"袭,因也。因水土,谓记诸夏之事,山川之异。"孔颖达疏:"袭,因也。下则因袭诸侯之事,水土所在。此言子思赞扬圣祖之德,以仲尼修《春秋》而有此等之事也。"朱熹《中庸章句》:"袭水土者,因其一定之理。"卫湜引建安游氏游酢曰:"修其教不易其俗,齐其政不易其宜,使四方之民,各安其常,各成其性,夫是之谓'袭水土'。"(卫湜:《礼记集解》卷一百三十五,《钦定四库全书·经部114》,上海古籍出版社1987年版,第311页)

30.2　辟①如天地之无不持载,无不覆帱②,辟如四时之错行③,如日月之代明④。

【解读】

他的至德及思想学说就像天地那样没有什么不承载,没有什么不覆育。又好像四季的更迭运行,如日月的交替照明。

30.3　万物并育而不相害,道并行而不相悖,小德川流⑤,大德敦化⑥,此天地之所以为大也!

【解读】

万物一起生长而互不妨害,道同时并行而互不悖乱。小的德行如河流一样长流不息,润泽万物;大的德行敦厚纯朴,赞天地之化育。这就是天地之所以伟大的原因所在啊!

---

① 辟(pì):即譬如。闽本、监本、毛本、岳本、嘉靖本和卫湜《礼记集说》同用"辟"。惠栋校宋本、石经本用"譬"。
② 帱(dào):覆盖。郑玄注:"帱亦覆也。帱或作'焘'。"
③ 错行:更迭运行,流动不息。错,更迭。朱熹《中庸章句》:"错,犹迭也。"
④ 代明:交替照明,循环变化。代,更替。
⑤ 小德川流:小德如河流。郑玄注:"'小德川流',浸润萌芽,喻诸侯也。"孔颖达疏:"言孔子所作《春秋》,若以诸侯'小德'言之,如川水之流,浸润萌芽。"朱熹《中庸章句》:"小德者,全体之分;川流者,如川之流,脉络分明而往不息也。"
⑥ 大德敦化:大德使万物敦厚纯朴。敦化:朴实淳厚。郑玄注:"'大德敦化',厚生万物,喻天子也。"孔颖达疏:"若以天子'大德'言之,则仁爱敦厚,化生万物也。"程颐说:"'大德敦化',于化育处敦本也;'小德川流',日用处也。此言仲尼与天地合德。"(程颢、程颐:《二程集·程氏遗书》卷十五,中华书局 2011 年版,第 151 页)张载说:"'大德敦化'仁知合一,厚且化也;'小德川流',渊泉时出之也。'大德不逾闲,小德出入可也',大者器,则小者不器矣。"(章锡琛点校:《张载集·正蒙·至当》,中华书局 1985 年版,第 32—33 页)朱熹《中庸章句》:"大德者,万殊之本。敦化者,敦厚其化,根本盛大而出无穷也。"

第三十一章

31.1　唯天下至圣①,为能聪明睿知②,足以有临③也;宽裕温柔,足以有容也④;发强刚毅,足以有执⑤也;

---

① 至圣:指孔子,最伟大的圣人。
② 聪明睿(ruì)知:即睿智,聪明又有智慧。朱熹《中庸章句》:"聪明睿知,生知之质。"卫湜引临川王氏王安石曰:"聪明者,先聪明于己,而后聪明于天下。睿,则《书》之'思曰睿'。知,则《易》之'知周万物'。有聪明而无睿知,以行则不可。《书》曰'无作聪明乱旧章',独任聪明,则乱旧章矣,故全此四者,然后可以有临于天下也。"引海陵胡氏胡瑗曰:"兼听之谓聪,善视之谓明,智虑深远之谓睿,有知之谓智。"(卫湜:《礼记集解》卷一百三十五,《钦定四库全书·经部114》,上海古籍出版社1987年版,第320页)王夫之说:"'聪明睿知',以至诚之本体言。'诚则明矣',明非但知之谓也。《或问》兼安行言之,为尽其义。如大学之言'明德',该尽缉熙敬止、恂栗威仪、具众理、应万事者,统以一明;与'致知'之知,偏全迥别。耳无所蔽其闻之谓聪,目无所蔽其见之谓明,思无所蔽其觉之谓睿,心无所蔽其知之谓知。人欲净尽,天理流行,则以之知,不待困学;以之行,不待勉强也。……'睿知'之知,乃静中见理,感则能通,其辨在昭昏,而不在是非也。"(王夫之:《读四书大全说》(卷三),中华书局2009年版,第180页)
③ 有临:居上临下,居上之民。临,本指高处朝向低处,后引申为上对下之称。朱熹《中庸章句》:"临,谓居上而临下也。"
④ 宽裕温柔,足以有容也:宽厚有余而温文尔雅,因而足以包容天下。孔颖达疏:"言夫子宽弘性善,温克和柔,足以包容也。"卫湜引临川王氏王安石曰:"宽,则宽大。裕,则有余。温,则温良。柔,则《书》之'柔而立'是也。《易》曰'容保民无疆',是有此四者,然后可以有容于天下也。"(卫湜:《礼记集解》卷一百三十五,《钦定四库全书·经部114》,上海古籍出版社1987年版,第319页)引海陵胡氏胡瑗曰:"宽裕则不暴,温柔则不猛,故可涵容天下之人。"(卫湜:《礼记集解》卷一百三十五,《钦定四库全书·经部114》,上海古籍出版社1987年版,第320页)
⑤ 发强刚毅,足以有执:奋发图强而刚强坚毅,因而足以决断大事。刚毅:有决断。孔颖达疏:"发,起也;执,犹断也。言孔子发起志意,坚强刚毅,足以断决事物也。"卫湜引临川王氏王安石曰:"发者,遇事而发其端绪。强者,若上文'强哉矫'之强。有执,非子莫之谓,若'择善而固执之'之谓也。"(卫湜:《礼记集解》卷一百三十五,《钦定四库全书·经部114》,上海古籍出版社1987年版,第319页)引海陵胡氏胡瑗曰:"发谓奋发,强能任事,刚则不挠,毅则果敢,故能临事固执而不回。"(卫湜:《礼记集解》卷一百三十五,《钦定四库全书·经部114》,上海古籍出版社1987年版,第320页)

齐庄中正①,足以有敬也;文理密察②,足以有别③也。

【解读】

只有全天下最圣明的人,才能具有耳聪目明睿智的本质,因而足以位居于上君临天下;宽厚有余而温文尔雅,因而足以包容天下;奋发图强而刚强坚毅,因而足以决断大事;仪态端庄而据中守信,因而足以使人敬重;条理清晰而缜密明察,因而足以辨别是非邪正。

---

① 齐(zhāi)庄中正:齐(zhāi)庄:齐同"斋",端庄,庄重恭敬,虔诚的样子。卫湜引临川王氏王安石曰:"中者,处中道。正者,守之以正。守正而不处中道则不可,处中道而不守正亦不可,二者必在相须。足以有敬于天下,常人论敬,不过指敬鬼神、敬祭祀而言,未尝有言敬天下之民。此言圣人亦不敢轻天下之民也,能敬于民,民亦敬于上。"(卫湜:《礼记集解》卷一百三十五,《钦定四库全书·经部114》,上海古籍出版社1987年版,第319页)引海陵胡氏胡瑗曰:"齐,洁也。庄,端庄也。中正,则不谄,足以保其敬之道。"(卫湜:《礼记集解》卷一百三十五,《钦定四库全书·经部114》,上海古籍出版社1987年版,第320页)

② 文理密察:文章与条理,详审明察。文理:文章有条理。朱熹《中庸章句》:"文,文章也。理,条理也。密,详细也。察,明辨也。"卫湜引临川王氏王安石曰:"文理者,人伦之理。密,谨严也。察,明察也。虽有文理,不加密察,则制度文法,必有乱于天下。既以谨严明察,则足以有别于天下,则天下之人,亦自知有别矣。"(卫湜:《礼记集解》卷一百三十五,《钦定四库全书·经部114》,上海古籍出版社1987年版,第319页)引海陵胡氏胡瑗曰:"文理者,言动之间有文理,如枝叶葩华是其文,经理条贯是其理。密而不洩,察而能辨。君子身既文理,然后从己之身,观人之身,密察而不洩其机,故足以有别于天下。"(卫湜:《礼记集解》卷一百三十五,《钦定四库全书·经部114》,上海古籍出版社1987年版,第320页)

③ 别:明辨是非邪正。

31.2　溥博渊泉①,而时出之②。

【解读】

　　圣人的美德,犹如宽广深沉的清泉,并且时常展现出来。

31.3　溥博如天,渊泉如渊。见③而民莫不敬,言而民莫不信,行而民莫不说④。

【解读】

　　宽阔广博如上天,幽深渊博如深渊;他一出现,人民没有不尊敬的;他一说话,人民没有不信服的;他一行动,人民没有不高兴的。

---

　　① 溥(pǔ)博渊泉:博大精深。溥,普遍。博,博大。源泉:深潭。郑玄注:"言其临下普遍,思虑深重,非得其时不出政教。"孔颖达疏:"溥,谓无不周遍;博,谓所及广远。以其浸润之泽,如似渊泉溥大也。既思虑深重,非得其时不出政教,必以俟时而出。"朱熹《中庸章句》:"溥博,周遍而广阔也。渊泉,静深而有本也。"卫湜引临川王氏王安石曰:"溥博者,广大也。渊泉者,深浚也。"(卫湜:《礼记集解》卷一百三十五,《钦定四库全书·经部114》,上海古籍出版社1987年版,第319页)引海陵胡氏胡瑗曰:"溥,言溥徧。博,言广博。……溥博,如天高之不穷。渊泉,如渊深之不可测。"(卫湜:《礼记集解》卷一百三十五,《钦定四库全书·经部114》,上海古籍出版社1987年版,第320页)
　　② 时出之:时常展现出来。出:涌出,涌现。朱熹《中庸章句》:"出,发见也。言五者之德,充积于中,而以时发见于外也。"卫湜引临川王氏王安石曰:"上能有此五者之德,而又上下能察乎天地,然须时而出之,若上文'君子时中',又曰'时措之宜'是也。"(卫湜:《礼记集解》卷一百三十五,《钦定四库全书·经部114》,上海古籍出版社1987年版,第319页)引海陵胡氏胡瑗曰:"时出之者,以时发见,出其政教号令。"(卫湜:《礼记集解》卷一百三十五,《钦定四库全书·经部114》,上海古籍出版社1987年版,第320页)
　　③ 见(xiàn):至圣一出现。
　　④ 说(yuè):古"悦"字,高兴,喜悦。

31.4 是以声名洋溢乎中国,施及蛮貊①,舟车所至,人力所通,天之所覆,地之所载,日月所照,霜露所队②,凡有血气③者,莫不尊亲,故曰配天④。

【解读】

所以他的美好名声充满中原地区,并传播到边远的少数民族地区;车船所能到达的地方,人的力量能通达的地方,天所覆盖的地方,地所负载的地方,日月照耀的地方,霜露降落的地方,只要是有血脉气息的人,没有人不尊敬亲近他的,所以说圣人的德行与天匹配。

① 施(yì)及蛮貊(mò):延伸到边疆少数民族居住地区。施,到,延伸,旁及。蛮,古代居住在南方的少数民族。貊,古代居住在东北方的少数民族。
② 霜露所队(zhuì):有霜露落下的地方。队同"坠",物体从高处落下。
③ 血气:指有血有气息的生命。
④ 配天:与天相匹配。程颢说:"圣人成德,非万物皆备,足以应物而已;其停蓄充盈,至深至大,出之以时,人莫不敬信悦服,至于血气之类,莫不尊亲,惟天德为能赔。"(程颢、程颐:《二程集·中庸解》中华书局2011年版,第1163页)朱熹《中庸章句》:"配天,言其德之所及,广大如天也。"明张岱说:"上章曰:'高明陪天',而此则详其所以'配',故用'故曰'字。然玩'故曰'二字,可见到'配天'地位,只是至圣本分内事。"(张岱:《四书遇》,浙江古籍出版社1985年版,第62—63页)

第三十二章

32.1 唯天下至诚①,为能经纶②天下之大经③,立天下

---

① 至诚:道德修养的最高境界。郑玄注:"性至诚,谓孔子。"宋代卫湜新定邵氏曰:"诚者天之道,谓之至诚,则纯乎天理,无纤毫人为之伪者也,故天下之大经,唯至诚为能经纶之;天下之大本,唯至诚为能立之;天地之化育,唯至诚为能知之。"(卫湜:《礼记集解》卷一百三十六,《钦定四库全书·经部114》,上海古籍出版社1987年版,第332页)

② 经纶(lún):原指整理丝线,引申为规划制定。朱熹《中庸章句》:"经、纶,皆治丝之事。经者,理其绪而分之;纶者,比其类而合之也。经,常也。"宋代卫湜引河东侯氏曰:"经,常也,可久而不乱。可久而能通,非诚以经纶之,不可也。经,如经纬之经。纶,如丝纶之纶,《易》曰:'弥纶天下之道'是也。"(卫湜:《礼记集解》卷一百三十六,《钦定四库全书·经部114》,上海古籍出版社1987年版,第326页)

③ 大经:治国纲领。郑玄注:"谓六艺,而指《春秋》也。"程颢说:"大经,庸也。……亲亲,长长,贵贵,尊贤,其大经与! 莫非本也。……诚者,实有是理也。反而求之,理之所固有而不可易者,是谓庸。体其所固有之义,则经纶至矣。"(程颢、程颐:《二程集·中庸解》,中华书局2011年版,第1163页)朱熹《中庸章句》:"大经者,五品之人伦。惟圣人之德极诚无妄,故于人伦各尽其当然之实,而皆可以为天下后世法,所谓经纶之也。"清王夫之说:"以'经纶天下之大经'言之,则其所不倚者,不倚于外物,而非不倚于心力之谓。所以然者,人伦之事,以人相与为伦而道立焉,则不特尽之于己,而必有以动乎物也。尽乎己者,己之可恃也。动乎物者,疑非己之可恃也:自非天下之至诚,则倚父之慈而亲始可顺,倚君之仁而上以易获。其修之于己者既然,则以立天下之教,亦但可为处顺者之所可率繇,而处变则已异致。唯夫天下之至诚,'肫肫其仁',极至而无不可通,则虽如舜之父、文王之君,而我所以事之者,一无不可与天下共见而共繇之,初不倚君父之易顺易获而相得以章也。乃若心力之必尽,则如舜,如文,其为怨慕,为竭力,为小心,为服事,则固同于困勉者之笃行,非不思不勉而无待于心力。此以知:以物为外物而云'不繇人'者,为'大经'言也。"(王夫之:《读四书大全说》(卷三),中华书局2009年版,第181—182页)

之大本①,知天地之化育。夫焉有所倚②?

【解读】

只有天下道德修养达到至诚境界的人,才能规划制定管理天下的治国纲领,树立天下道德秩序,通晓天地万物化育的道理。这哪里有什么偏倚呢?

32.2 肫肫③其仁!渊渊④其渊!浩浩⑤其天!

---

① 立天下之大本:大本,根本大德。郑玄注:"《孝经》也。"程颢说:"大本,中也……致公平,极广大,不偏倚,不系累,其大本与!莫非化也。……理之所自出而不可易者,是谓中。尊其所自出,则立之至矣。"(程颢、程颐:《二程集·中庸解》,中华书局2011年版,第1163页)朱熹《中庸章句》:"大本者,所性之全体也。其于所性之全体,无一毫人欲之伪以杂之,而天下之道千变万化皆由此出,所谓立之也。"宋代卫湜引新定邵氏曰:"何谓'立天下之大本'? 开明天理,扶植民彝,使人知有礼则生,无信不立,于以正万化之原,建无穷之基,所谓'立我烝民,莫匪尔极'是也。"(卫湜:《礼记集解》卷一百三十六,《钦定四库全书·经部114》,上海古籍出版社1987年版,第332页)王夫之说:"至于'立天下之大本',则初无所因于人,即欲倚之而固不得。特其'不闻亦式,不谏亦入'之卓然,有以存之于喜怒哀乐未发之中,斯至诚之'渊渊其渊'者,涵天下万事万物之节于静深之地,不但学问之事无所藉于耳目,而警觉之几亦无所资于省察。理以不妄而存,而非择理以固执;欲以从心而不逾,而非执理以拒欲。未有所喜乐,而天下之待喜待乐者受益焉;未有所怒哀,而天下之待怒待哀者听裁焉。要皆藏密以立道义之门,而择执之心力不与焉。此'不靠心力'之说,为'大本'言也。"(王夫之:《读四书大全说》(卷三),中华书局2009年版,第182页)

② 夫焉有所倚:他哪里有什么偏倚呢? 夫,发语词。焉,表示疑问。郑玄注:"安有所依,言无所偏倚也。"朱熹《中庸章句》:"夫岂有所倚着于物而后能哉。"

③ 肫(zhūn)肫:真挚、诚恳、恳切的样子。郑玄注:"肫肫读如'诲尔忳(zhūn)忳'之'忳'。忳忳,恳诚貌也。肫肫,或为'纯纯'。"朱熹《中庸章句》:"肫肫,恳至貌,以经纶而言也。"程颢说:"肫肫其仁,盖言厚也。"(程颢、程颐:《二程集·程氏遗书》卷十一,中华书局2011年版,第126页)

④ 渊渊:深远的样子。朱熹《中庸章句》:"渊渊,静深貌,以立本而言也。"

⑤ 浩浩:本指水势浩大的样子,引申为广大无垠的样子。朱熹《中庸章句》:"浩浩,广大貌,以知化而言也。"

【解读】

他的仁爱之心多么诚恳啊,他的聪明才智多么深远啊,他的德行多么广大无垠犹如蓝天!

32.3 苟不固①聪明圣知②达天德者③,其孰能知之?

【解读】

如果不是本来就聪明智慧,通达天赋美德的人,还有谁能知道天地的真诚呢?

---

① 固:本来,实实在在。
② 知:同"智",智慧。
③ 达天德者:通达天赋天德的人。天德,指天所赋予的德性,即仁义礼智信。程颢说:"天德云者,谓所受于天者未尝不全也。苟无污坏,则直行之耳。或有污坏,则敬以复之耳。其不必治而修,则不治而修,义也。其必治而修,则治而修,亦义也。其全德一也。"(程颢、程颐:《二程集·程氏粹言》卷二,中华书局2011年版,第1257页)

第三十三章

33.1　《诗》曰①:"衣锦尚絅②。"恶③其文之著也。故君子之道,闇然而日章④;小人之道,的然⑤而日亡。君子之道,淡

---

①　《诗》曰:孔颖达疏认为"衣锦尚絅"引自《诗经·卫风·硕人》,但今本《毛诗》作"衣锦褧(jiǒng)衣",文字不同,孔疏说是"截断诗文",在《诗·郑风·丰》也有"衣锦褧衣",而王引之则认为《诗》曰下原有诗文"衣锦褧衣"四字,而"衣锦尚絅"四字则是解释"衣锦褧衣"的。"衣锦褧衣"四字在孔颖达作《正义》时已经佚失,详见《经义述闻》卷十六。
②　衣(yì)锦尚絅(jiǒng):穿着色彩鲜艳的锦衣,外面加上罩衫。衣,此处作动词用,指穿衣。锦,指色彩鲜艳的衣服。尚,加上。絅,同"褧(jiǒng)",用麻布制的单层罩衫。郑玄注:"禪(dān)为絅。锦衣之美而君子以絅表之,为其文章露见,似小人也。"孔颖达疏:"此《诗·卫风·硕人》之篇,美庄姜之诗。言庄姜初嫁在涂,衣著锦衣,为其文之大著,尚著禪絅加于锦衣之上。絅,禪也,以单縠为衣,尚以覆锦衣也。案《诗》本文云'衣锦褧衣',此云'尚絅'者,断截《诗》文也。又俗本云'衣锦褧裳',又与定本不同者。记人欲明君子谦退,恶其文之彰著,故引《诗》以结之。"朱熹《中庸章句》:"诗国风卫硕人、郑之丰,皆作'衣锦褧衣'。褧、絅同。禪衣也。尚,加也。"宋代袁甫说:"圣人之所以为圣人者,德盛而志愈谦,道大而心愈小,圣人非有意为之也。道本无可矜衒(xuàn),人自矜衒耳。不矜衒者,藏而自居,久而愈章;好矜衒者,暂焉虽著,随即泯灭矣。圣人以此为君子、小人之判……学者用力于道,只在温、简、冷淡中,即所谓'尚絅'也。"(袁甫:《蒙斋中庸讲义》卷四,《钦定四库全书·经部193》,上海古籍出版社1987年版,第623页)清俞樾据孔颖达疏认为:"以俗本推之,古本《礼记》当作'衣锦絅尚','尚'者,'裳'之叚字。《诗》本文云:'衣锦褧衣,裳锦褧裳'。而记人撮举其辞曰:'衣锦絅尚',亦犹'东方昌矣'、'犬夷呬矣'之比。俗本'衣锦褧裳'正是古人相传之旧,但易叚字而为本字耳。后人不知古人引经自有此例,又不通叚借,遂移'尚'字于'絅'字之上,于义不可通矣。(俞樾等:《古书疑义举例五种·古书疑义举例·古人引书每有增减例》,中华书局1983年版,第48页)
③　恶(wù):厌恶。
④　闇(àn)然而日章:闇然:即暗然,暗淡的样子,不起眼,不引人注目。日章:日渐彰明。章同"彰"。孔颖达疏:"章,明也。言君子以其道德深远谦退,初视未见,故曰'闇然'。其后明著,故曰日章明也。"张载说:"闇然,修于隐也;的然,著于外也。"(章锡琛点校:《张载集·正蒙·至当》,中华书局1985年版,第37页)朱熹《中庸章句》:"尚絅故闇然,衣锦故有日章之实。淡、简、温,絅之袭于外也;不厌而文且理焉,锦之美在中也。"
⑤　的(dí)然:鲜明,显著的样子。的,显著,明显。孔颖达疏:"若小人好自矜大,故初视时'的然'。以其才艺浅近,后无所取,故曰日益亡。"朱熹《中庸章句》:"小人反是,则暴于外而无实以继之,是以的然而日亡也。"

而不厌,简而文,温而理,知远之近①,知风之自②,知微之显③,可与④入德⑤矣。

【解读】

《诗》说:"穿着色彩鲜艳的锦衣,又在上面加上一层罩衫。"这是因为讨厌锦衣的花纹过于显著。所以,君子的为人之道,表面上一点也不张扬,但一天天会彰显光辉;小人的为人之道,表面上引人注目,但一天天消失其魅力。君子的做人之道,平平淡淡却不使人厌恶,简简单单却有文采,温和却有条理,知道如何由近及远,知道风俗的演变从何处开始,知道显而易见的事物处于微小阶段时的情形。这样,就可以进入修养道德的门径了。

33.2 《诗》云:"潜虽伏矣,亦孔之昭⑥!"故君子内省不疚⑦,无恶于志⑧。君子之所不可及者,其唯人之所不见乎。

---

① 知远之近:孔颖达疏:"言欲知远处,必先之适于近,乃后及远。"朱熹《中庸章句》:"远之近,见于彼者由于此也。"
② 知风之自:孔颖达疏:"自,谓所从来处,言见目前之风则知之适所从来处,故郑注云'睹末察本'。远是近之末,风是所(原空缺五字)从来之末也。"朱熹《中庸章句》:"风之自,着乎外者本乎内也。"
③ 知微之显:孔颖达疏:"此初时所微之事,久乃适于显明,微是初端,显是纵绪,故郑注云'探端知绪'。"朱熹《中庸章句》:"微之显,有诸内者形诸外也。有为己之心,而又知此三者,则知所谨而可入德矣。故下文引诗言谨独之事。"
④ 与:闽、监本、石经、南宋石经、岳本、嘉靖本、卫湜《礼记集说》、《考文》引宋版并同。毛本作"以",似误。
⑤ 入德:进入道德之门。
⑥ 潜虽伏矣,亦孔之昭:引自《诗经·小雅·正月》。本意是指鱼儿潜伏在水池底,但仍然被看得很清楚。潜:潜伏,潜藏。伏:隐匿。孔:很。昭:明显,明白,清楚。郑玄注:"孔,甚也。昭,明也。言圣人虽隐遁,其德亦甚明矣。"孔颖达疏:"言贤人君子身虽藏隐,犹如鱼伏于水,其道德亦甚彰矣。"
⑦ 内省(xǐng)不疚:自我反省而没有愧疚。疚:原指久病,此引申为愧疚,惭愧,忧虑不安。郑玄注:"疚,病也。君子自省,身无愆病,虽不遇世,亦无损害于己志。"
⑧ 无恶(wù)于志:无愧于自己的志向。无恶:无愧。孔颖达疏:"言君子虽不遇世,内自省身,不有愆病,则亦不损害于己志。言守志弥坚固也。"朱熹《中庸章句》:"无恶于志,犹言无愧于心。"

【解读】

《诗》说:"鱼儿潜伏在水池底,但仍然被人看得很清楚。"所以,君子自我反省内心而没有愧疚,无愧于自己的志向。君子的德行一般人比不上的地方,大概就是在这些别人看不见的地方吧?

33.3 《诗》云:"相在尔室,尚不愧于屋漏①。"故君子不动而敬②,不言而信。

【解读】

《诗》说:"看你独处的时候,心地光明,不在暗中做坏事,起坏念头。"所以,君子没做什么事也能得到人们的恭敬,即使没有说什么话也能得到人们的信任。

33.4 《诗》曰:"奏假无言,时靡有争③。"是故君子不赏

---

① 相在尔室,尚不愧于屋漏:引自《诗经·大雅·抑》。相:看,观察,注视。尔室:你的居室。屋漏:指古代室内西北角祭神的隐蔽之处。不愧屋漏:喻指心地光明,不在暗中做坏事,起坏念头。郑玄注:"言君子虽隐居,不失其君子之容德也。相,视也。室西北隅谓之'屋漏'。视女在室独居者,犹不愧于屋漏。屋漏非有人也,况有人乎?"孔颖达疏:"此《大雅·抑》之篇,刺厉王之诗。诗人意称王朝小人不敬鬼神,瞻视女在庙堂之中,犹尚不愧畏于屋漏之神。记者引之断章取义,言君子之人在室之中'屋漏',虽无人之处不敢为非,犹愧惧于屋漏之神,况有人之处君子愧惧可知也。言君子虽独居,常能恭敬。"

② 敬:恭敬。程颐说:"所谓敬者,主一之谓敬。所谓一者,无适之谓一。且欲涵泳主一之义,一则无二三矣。言敬,无如圣人之言(一无'圣人之言')《易》所谓:'敬以直内,义以方外。'须是直内,乃是主一之义。至于不敢欺、不敢慢、尚不愧于屋漏,皆是敬之事也。"(程颢、程颐:《二程集·程氏遗书》卷十五,中华书局2011年版,第169页)

③ 奏假(gé)无言,时靡(mí)有争:引自《诗经·商颂·烈祖》,是祭祀成汤的赞美乐诗。奏,进奉。假,通"格",至。靡,没有。《释文》:"奏,如字。《诗》作鬷(zōng)。"(《诗》毛传解释"鬷"为"总")。假,《诗》毛传、郑玄注都认为"大也"。"鬷假"诗疏认为传笺都解释为"总集大众"。郑玄注:"假,大也。此《颂》也。言奏大乐于宗庙之中,人皆肃敬。金声玉色,无有言者,以时太平,和合无所争也。"孔颖达疏:"此《商颂·烈祖》之篇,美成汤之诗。诗本文云'鬷假无言',此云'奏假'者,与《诗》反异也。假,大也。言祭成汤之时,奏此大乐于宗庙之中,人皆肃敬,无有喧哗之言。所以然者,时既太平,无有争讼之事,故'无言'也。引证君子不言而民信。"朱熹《中庸章句》:"假,格同。……奏,进也。承上文而遂及其效,言进而感格于神明之际,极其诚敬,无有言说而人化之也。"先贤对于这两句诗解释并不一致。

161

而民劝①,不怒而民威于鈇钺②。

【解读】

《诗》说:"进奉诚心,感通神灵。肃穆无言,没有争执。"所以,君子不用奖赏,人民也会互相劝勉;不用发怒,人民也会很畏惧他,胜过用斧钺的刑罚。

33.5 《诗》曰:"不显惟德!百辟其刑之③。"是故君子笃恭而天下平④。

【解读】

《诗》说:"广泛弘扬那伟大德行啊,诸侯们都来效法。"所以,君子笃实恭敬就能使天下太平。

---

① 劝:劝勉,振作,受到鼓励。
② 鈇(fū)钺(yuè):斫刀和大斧,古代执行军法时用的斧子。后来凡是刑戮之事都说鈇钺。朱熹《中庸章句》:"鈇,莝(cuò)斫刀也。钺,斧也。"
③ 不(pī)显惟德,百辟(bì)其刑之:引自《诗经·周颂·烈文》,是周王在宗庙祭祀而诸侯助祭的诗。不显,"不"通"丕",不显即大显。辟,诸侯,指来助祭的诸侯。刑,通"型",示范,效法。郑玄注:"不显,言显也。辟,君也。此《颂》也。言不显乎文王之德,百君尽刑之,诸侯法之也。"孔颖达疏:"此《周颂·烈文》之篇,美文王之德。不显乎文王之德,言其显矣。以道德显著,故天下百辟诸侯皆刑法之。引之者,证君子之德犹若文王,其德显明在外,明众人皆刑法之。"朱熹《中庸章句》:"不显,说见二十六章,此借引以为幽深玄远之意。承上文言天子有不显之德,而诸侯法之,则其德愈深而效愈远矣。"
④ 笃恭而天下平:笃:确实,实在。程颢说:"道,一本也。或谓以心包诚,不若以诚包心,以至诚参天地,不若以至诚体人物,是二本也。知不二本,便是笃恭而天下平之道。"(程颢、程颐:《二程集·程氏遗书》卷十一,中华书局2011年版,第117—118页)程颐说:"君子遇事,无巨细,一于敬而已。简细故以自崇,非敬也;饰私知以为奇,非敬也。要之,无敢慢而已。《语》曰:'居处恭,执事敬,虽之夷狄,不可弃也。'然则'执事敬'者,固为仁之端也。推是心而成之,则'笃恭而天下平'矣。"(程颢、程颐:《二程集·程氏遗书》卷四,中华书局2011年版,第73页)

33.6 《诗》云:"予怀明德,不大声以色①。"子曰:"声色之于以化民,末也。"《诗》曰:"德輶如毛②"。毛犹有伦③,"上天之载,无声无臭④",至矣!

【解读】

《诗》说:"我用光明的德行感化人民,从不用疾言厉色。"孔子说:"用疾言厉色去教化老百姓,那是最没有用的下策。"《诗》说:"教化人民,贵在潜移默化,轻如羽毛一样。"但羽毛仍然是有实体可比的东西;"上天所行的事,既没有声音也没有气味。"这才是至高无上的境界啊!

---

① 予怀明德,不大声以色:引自《诗经·大雅·皇矣》,是勉励周人取法文王修德的诗。声:号令。色:容貌。以:与。郑玄注:"予,我也。怀,归也。言我归有明德者,以其不大声为严厉之色以威我也。"孔颖达疏:"予,我也。怀,归也。言天谓文王曰,我归就尔之明德,所以归之者,以文王不大作音声以为严厉之色,故归之。记者引之,证君子亦不作大音声以为严厉之色,与文王同也。"朱熹《中庸章句》:"引之以明上文所谓不显之德者,正以其不大声与色也。"
② 德輶(yóu)如毛:引自《诗经·大雅·烝民》。輶,古代一种轻便车,引申为轻。郑玄注:"輶,轻也。言化民常以德,德之易举而用,其轻如毛耳。"孔颖达疏:"言用德化民,举行甚易,其轻如毛也。"
③ 毛犹有伦:伦,比较,类比。郑玄注:"伦犹比也。"孔颖达疏:"伦,比也。既引《诗》文'德輶如毛',又言德之至极本自无体,何直如毛?毛虽细物,犹有形体可比并,故云'毛犹有伦'也。"程颢说:"'毛犹有伦',入毫厘丝忽终不尽。"(程颢、程颐:《二程集·程氏遗书》卷二十二,中华书局2011年版,第62页)
④ 上天之载,无声无臭(xiù):引自《诗经·大雅·文王》,赞美文王的诗。载:事,指化育万物之事。臭,气味。郑玄注:"载读曰'栽',谓生物也。言毛虽轻,尚有所比;有所比,则有重。上天之造生万物,人无闻其声音,亦无知其臭气者。化民之德,清明如神,渊渊浩浩然后善。"孔颖达疏:"载,生也,言天之生物无音声无臭气,寂然无象而物自生。言圣人用德化民,亦无音声,亦无臭气而人自化。是圣人之德至极,与天地同。"《诗》毛传认为"上天之载"的"载"是"事",这在先秦古书中是常训,今从常训。

附录 《中庸章句》序

中庸何为而作也？子思子忧道学之失其传而作也。盖自上古圣神继天立极，而道统之传有自来矣。其见于经，则"允执厥中"者，尧之所以授舜也；"人心惟危，道心惟微，惟精惟一，允执厥中"者，舜之所以授禹也。尧之一言，至矣，尽矣！而舜复益之以三言者，则所以明夫尧之一言，必如是而后可庶几也。

盖尝论之：心之虚灵知觉，一而已矣，而以为有人心、道心之异者，则以其或生于形气之私，或原于性命之正，而所以为知觉者不同，是以或危殆而不安，或微妙而难见耳。然人莫不有是形，故虽上智不能无人心，亦莫不有是性，故虽下愚不能无道心。二者杂于方寸之间，而不知所以治之，则危者愈危，微者愈微，而天理之公卒无以胜夫人欲之私矣。精则察夫二者之间而不杂也，一则守其本心之正而不离也。从事于斯，无少间断，必使道心常为一身之主，而人心每听命焉，则危者安，微者著，而动静云为自无过不及之差矣。

夫尧、舜、禹，天下之大圣也。以天下相传，天下之大事也。以天下之大圣，行天下之大事，而其授受之际，丁宁告戒，不过如此。则天下之理，岂有以加于此哉？自是以来，圣圣相承：若成汤、文、武之为君，皋陶、伊、傅、周、召之为臣，既皆以此而接夫道统之传,若吾夫子,则虽不得其位,而所以继往圣、开来学,其功反有贤于尧舜者。然当是时,见而知之者,惟颜氏、曾氏之传得其宗。及曾氏之再传,而复得夫子之孙子思,则去圣远而异端起矣。子思惧夫愈久而愈失其真也,于是推本尧舜以来相传之意,质以平日所闻父师之言,更互演绎,作为此书,以诏后之学者。盖其忧之也深,故其言之也切;其虑之也远,故其说之也详。其曰"天命率性",则道心之谓也;其曰"择善固执",则精一之谓也;其曰"君子时中",则执中之谓也。世之相后,千有余年,而其言之不异,如合符节。历选前圣之书,所以提挈纲维、开示蕴奥,未有若是之明且尽者也。自是而又再传以得孟氏,为能推明是书,以承先圣之统,及其没而遂失其传焉。则吾道之所寄,不越乎言语文字之间,而异端之说日新月盛,以至于老、佛之徒出,则弥近理而大乱真矣。然而尚幸此书之不泯,故程夫子兄弟者出,得有所考,以续夫千载不传之绪;得有所据,以斥夫二家似是之非。盖子思之功于是为大,而微程夫子,则亦莫能因其语而得其心也。惜乎!其所以为说者不传,而凡石氏之所辑录,仅出于其门人之所记,是以大义虽明,而微言未析。至其门人所自为说,则虽颇详尽而多所发明,然倍其师说而淫于老、佛者,亦有之矣。

熹自蚤岁即尝受读而窃疑之,沈潜反复,盖亦有年,一旦恍然似有以得其要领者,然后乃敢会众说而折其中,既为定著章句一篇,以俟后之君子。而一二同志复取石氏书,删其繁乱,名以《辑略》,且记所尝论辩取舍之意,别为《或问》,以附其后。然后此书之旨,支分节解、脉络贯通、详略相因、巨细毕举,而凡诸说之同异得失,亦得以曲畅旁通,而各极其趣。虽于道统之传,不敢妄议,然初学之士,或有取焉,则亦庶乎行远升高之一助云尔。

淳熙己酉春三月戊申,新安朱熹序

图书在版编目(CIP)数据

大学中庸解诂 / 曾振宇，丁联校注. -- 上海 : 上海三联书店, 2025. 4. -- ISBN 978-7-5426-8684-8

Ⅰ. B222.12

中国国家版本馆 CIP 数据核字第 2024XB6707 号

大学中庸解诂

校　　注 / 曾振宇　丁　联

责任编辑 / 徐建新
装帧设计 / 一本好书
监　　制 / 姚　军
责任校对 / 王凌霄　张　瑞

出版发行 / 上海三联书店
　　　　　（200041）中国上海市静安区威海路 755 号 30 楼
邮　　箱 / sdxsanlian@sina.com
联系电话 / 编辑部：021 - 22895517
　　　　　发行部：021 - 22895559
印　　刷 / 上海展强印刷有限公司

版　　次 / 2025 年 4 月第 1 版
印　　次 / 2025 年 4 月第 1 次印刷
开　　本 / 710mm×1000mm　1/16
字　　数 / 120 千字
印　　张 / 11
书　　号 / ISBN 978 - 7 - 5426 - 8684 - 8/B·925
定　　价 / 79.00 元

敬启读者，如发现本书有印装质量问题，请与印刷厂联系 021 - 66366565